동작상 '-고 있다'의 중국어 번역연구

지음 유쌍옥 (劉雙玉)

토담미디어

Ⅲ. 통사적 요소와 '-고 있-'의 중국어 번역 /071

표 목차

그림 목차

국문 요지

　본 연구는 신문텍스트에서 한국어 동작상 표지 '-고 있-'을 중국어로 번역할 때, '-고 있-'이 주로 어떤 중국어 동작상 표지로 번역되고 있는지를 살펴보고 이런 번역양상에 영향을 미치는 요소가 무엇인지, 각 요소가 번역에 어떤 영향을 미치고 있는지를 밝히는 데에 목적을 둔다.

　먼저 Ⅰ장에서는 본 연구의 필요성을 밝히고 한국어와 중국어의 시제 및 동작상에 관한 기존의 선행 연구들을 살펴보았다. 그동안의 선행 연구들은 대부분 한국어와 중국어 동작상을 대조분석하는 것에 초점을 두고 연구가 진행되어 왔으며 괄목할 만한 성과를 보이기도 했지만 번역교육의 측면에서 동작상의 번역에 대한 연구는 다소 미흡한 실정이다. 또한 대조분석 연구를 통해 중국어와 한국어 동작상 표지 간 대응관계의 큰 틀은 어느 정도 확립되어 있지만 이를 번역교육에 어떻게 적용해야 하는지에 대한 연구는 부족하다는 한계가 있다.

　Ⅱ장에서는 동작상의 체계와 의미기능, 동작류의 하위부류, 번역의 과정과 기준에 대한 기존의 이론들을 살펴보았다. 먼저 한국어 동작상

과 중국어 동작상의 체계에 대한 이론을 정리하고 본 연구의 분석 범위를 설정하였다. 그리고 동작상 표지의 의미기능에 대한 이론을 소개하고 신문텍스트에 나온 '-고 있-'이 갖는 의미기능을 객관화, 현장감 증대, 호소의 세 가지 기능으로 추출하였다. 다음으로 동작류에 대한 이론을 살펴보고 동작류의 하위부류를 상태동사, 달성동사, 행위동사, 완수동사, 순간동사로 설정하였다. 마지막으로 번역을 단순한 언어의 일대일 교차관계가 아니라 원문 텍스트에 대한 정확한 이해를 바탕으로 한 텍스트의 재현 과정이라고 보는 기존의 번역 이론을 근거로 번역 시 출발어 텍스트의 장르 및 문체, 나아가 텍스트에 사용된 문법 표지의 의미기능까지도 고려해야 한다는 주장을 전개하였다.

Ⅲ장에서는 번역양상에 영향을 미칠 수 있는 통사적인 요소를 동사부류, 문장성분, 부정 세 측면으로 분석하였다. 먼저 '-고 있-'과 이에 대응되는 중국어 동작상 표지들이 동사부류와 어떤 결합양상을 가지고 있는지를 분석하였다. 그리고 주어, 목적어, 시간 부사어 등의 문장성분이 '-고 있-'의 중국어 번역양상에 어떤 영향을 미칠 수 있는지를 분석하였다. 다음으로 '-고 있-'과 대응되는 중국어 동작상 표지들과 중국어 부정소의 결합양상을 제시하였다. 마지막으로 본 연구가 수집한 신문텍스트 병렬말뭉치에서의 '-고 있-'의 번역양상을 살펴보고 위에서 제시한 통사적인 요소들이 '-고 있-'의 중국어 번역에 어떤 영향을 미치고 있는지를 분석하였다.

Ⅳ장에서는 담화적인 측면에서 '-고 있-'의 중국어 번역에 영향을 미치는 요소를 분석하였다. 먼저 신문텍스트에서의 '-고 있-'이 어떤 의미기능을 지니고 있는지를 분석하였다. 그리고 이러한 의미기능을 지니는 중국어 동작상 표지가 무엇인지를 제시하였다. 마지막으로 수집한

신문텍스트 병렬말뭉치에서의 이러한 의미기능이 '-고 있-'의 중국어 번역에 어떤 영향을 미칠 수 있는지를 분석하였다.

Ⅴ장에서는 본고의 연구 결과를 토대로 번역교육에서의 시사점을 제시하였다. '-고 있-' 번역 시 동사부류, 문장 성분, 부가어 등의 통사적인 요소를 고려해야 할 뿐만 아니라 담화적 요소 즉, 동작상 표지의 의미기능까지도 고려해야 한다.

본고의 연구 결과 및 내용은 한국어 동작상 표지 '-고 있-'을 중국어로 번역하는 데에 어려움을 겪는 중국인 한국어 학습자들을 위한 교육 내용의 기초 자료로써 활용될 수 있으며 중국에서의 한국어 번역교육에 활용할 수 있는 기본 자료로 쓰일 수 있을 것이라 기대한다.

[주요어] 동작상, 동작류, 중국어 번역, 상표지, '-고 있-', 통사적 요소, 담화적 기능, 신문텍스트, 번역 교육, 교육적 시사점, 중국인 한국어 학습자

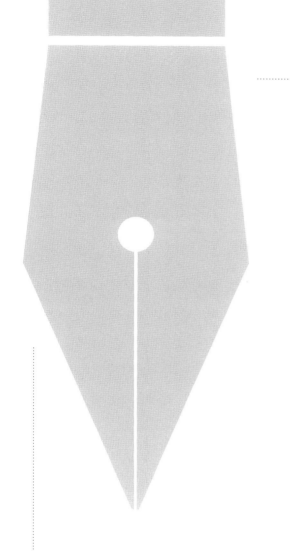

I

서론

....

1

....

연구의 필요성

　한국에서 행해지는 외국어로서의 한국어 교육은 말하기, 듣기, 쓰기, 읽기의 네 가지 언어 기능에 초점을 두고, 중국의 한국어 교육에서는 위 네 가지 언어 기능과 더불어 번역 교육 또한 함께 실시하고 있다. 번역은 말하기, 듣기, 읽기, 쓰기 4가지 능력을 종합해서 활용하는 것으로서 중국인 한국어 학습자가 반드시 갖추어야 할 능력이다. 특히 중국 내 한국어 번역 교육의 위상은 한국에서의 한·중 번역 교육과는 다른데, 이는 중국에서의 한국어 번역 교육이 학생들의 취직과 직결되기 때문이다. 따라서 이와 같은 번역 능력은 반드시 체계적인 교육과 훈련을 통하여 갖추어야 할 부분이다.

　한국과 중국의 교류가 활발해지면서 외국어 능력이 중요한 역량 중의 하나로 부상되었는데, 이로 인해 각 사회에서 외국어로 자유로운 의사소통이 가능하거나 통번역[①]을 할 수 있는 전문 인재에 대한 요구가

[①] Koller(1987)에 따라 번역은 '하나의 언어로 이루어진 텍스트를 다른 언어의 문자로 바꾸어 놓는 것이며 문어 텍스트를 대상으로 이루어지는 행위라고 정의하였다. 통역은 '하나의 언어로 이루어진 텍스트를 다른 언어로 구도로 전달하는 행위로 정의하였다.

외교 및 기업 등 다양한 차원에서 높아지고 있다. 따라서 중국 내 대학 및 여러 학과에서는 외국어 능력의 신장을 교육목표로 중요하게 다루고 있다.

유쌍옥(2016)[1]에서는 2016년에 중국 4년제 대학교를 전수 조사하여 총 119개 학교에 한국어교육과가 개설되었음을 밝히고, 그 중 대부분의 대학교에서 3~4학년 수업에 번역 과목을 개설하고 있다고 하였다. 이 연구에서는 나아가 중국 대학교 한국어 학과에서 번역 수업의 비중 및 위상을 함께 고찰하였다. 번역 수업은 4학점 과목으로 일 년에 총 72시간을 이수해야 한다. 이러한 정황들을 통해 중국 내 한국어 교육에서 번역 수업이 중요하게 인식되고 있음을 알 수 있다. 하지만 이처럼 중국에서 번역이 외국어 교육에 있어서 중요한 역할을 하고 있음에도 불구하고 번역에 관한 교육이나 연구는 다른 영역에 비해 많이 뒤떨어져 있다.

구체적인 번역교육내용에 대해 GAO XIAOTING(2015)에서는 한국어 통번역 학습자를 대상으로 요구조사를 실시하여 중국어와의 차이가 존재하는 한국어 어휘, 문장, 표현 등에 대한 교육이 필요하다고 지적하였다. 그런데 이런 학습자의 요구와는 달리 현재 한·중 번역교육 내용에 대한 연구는 주로 번역이론, 번역전략이나 기법, 번역과정을 중심으로 이루어지고 있다.

하안나(2011)에서는 중국 내 26개 대학교의 번역 수업을 담당하고 있는 교사, 수강하고 있는 재학생 및 취직한 졸업생을 대상으로 설문조사

---

[1] 유쌍옥(2016), 중국의 한국어 교재 사용 현황과 개발 방향 연구, 한중인문학 연구 51, 한중인문학회.

를 실시하여 중국내 한국어 번역교육의 문제점을 제시하였다. 그의 설문조사에 따르면 조사한 거의 모든 대학의 한국어학과에서 번역과목이 개설되어 있는데 수업 내용이 이론에 치우치는 경향이 있어 대부분의 교사가 교재 외에도 학습자의 흥미를 유도하고 보다 실제적인 다른 자료도 함께 찾아서 가르치고 있다고 지적하였다. 다시 말하면 학생들의 학습 필요에 비해 한국어와 중국어 차이점이 존재하는 지식들에 대한 구체적인 번역연구의 부족으로 실질적으로 한국어 실력을 키우고 번역기술을 기르기에는 다소 어려운 점이 있다고 판단된다.

중국어와 한국어는 같은 한자문화권에 속하기 때문에 공통점과 더불어 차이점도 존재한다. 이런 공통점과 차이점을 잘 분별할 수 없으면 번역할 때 쉽게 오류를 범할 수 있다. 한국어에는 단어의 뜻, 단어의 색채, 단어의 습관적 용법 등 여러 면에서 중국어의 단어와 같은 것들이 많이 있다. 이것은 동시에 우리가 원문 텍스트의 단어들을 일대일로 직역할 수 있는 유리한 조건으로 작용하기도 한다. 그러나 중국어와 한국어는 형태상, 구조상으로 엄연히 다른 두 언어로서 각 단어들이 함축하고 있는 의미의 폭은 물론, 단어의 결합 관계 및 품사의 수식 관계, 단어의 배열순서 등의 상이함으로 인해 번역 시 원문 텍스트의 품사를 다른 품사로 전환시켜야 하는 경우가 종종 발생한다.

한국어는 교착어이고 중국어는 고립어이므로 중국어와 한국어 문법 체계에는 큰 차이가 있기 때문에 한국어를 학습하는 중국인 학습자들은 어려움을 겪고 있다. 특히 본 연구에서 연구대상으로 삼는 동작상 또한 습득과 번역에서 중국인 학습자가 어려워하는 주제 중 하나이다. 이런 난제를 해결하기 위해 그 동안 학계에서는 중국어와 한국어 동작상에 대한 연구가 그 동안 많이 이루어졌는데, 주로 중한 대조분석과 오류분석에 초점을 맞춰 연구되어 온 반면, 이 연구의 결과를 동작상 표지의 한중 번역에 적용하는 연구는 드물다. 대조분석을 통해서 중국어와 한국어 동작상 표지들의 대응관계의 큰 틀은 어느 정도 확립되어 있다. 그런데 주지하는 바와 같이 번역은 단어 대 단어의 직역 방법만을 통해서 이루어질 수 있는 것이 아니다.

안미현(2010)에서는 현실에서는 사전이나 문법서에서 상정해 놓은 추상적인 상황은 존재하지 않고, 모든 언어 행위가 상황적 맥락 속에서 이루어지듯이 번역 행위도 텍스트 내에 설정된 상황 속에서 이루어진다고 지적하였다[1]. 실제 상황과 맥락을 고려하지 않고 문법서와 사전에 나온 지식을 그대로 적용하는 것만으로는 원문텍스트를 자연스럽게 번역할 수 없다. 다시 말하면 대조분석이나 오류분석에서의 연구 성과를 실제 텍스트의 번역에 그대로 적용시킬 수 없는 경우도 많이 발생한다는 것이다.

따라서 한국어 동작상 표지를 중국어로 번역할 때 대조분석과 오류분석을 통해서 어느 정도 확립된 대응관계를 실제 텍스트에 그대로 적용할 수 있는지, 어떤 요소를 고려해야 하는지를 아는 것이 중요하다. 통사적 요소와 담화적 요소를 모두 충분히 고려해야 좋은 번역을 할 수 있다. 따라서 본 연구는 한국어와 중국어에 중요한 지위를 차지하고 있으며 많은 공통점과 차이점을 가지고 있는 동작상을 연구대상으로 삼아 한국어 동작상 표지는 실제 텍스트에서 어떤 중국어 동작상 표지로 번역되고 있는지, 대조분석의 성과를 바탕으로 한국어 동작상 표지를 중국어로 번역할 때 고려해야하는 요소가 무엇인지를 밝히고자 한다.

---

[1] 안미현(2010:42)참조.

따라서 본 논문에서는 다음과 같은 연구 문제를 제기하고자 한다.

첫째, 번역텍스트에서 동작상 표지의 번역 양상이 어떻게 나타나는가?

둘째, 번역 양상에 영향을 미치는 요소는 무엇인가?

셋째, 각 요소들은 번역 양상에 어떤 영향을 주는가?

넷째, 본 연구의 분석결과를 통해서 번역교육에 적용할 수 있는 교육적 시사점이 무엇인가?

상기한 연구 문제들을 하나씩 해결하는 과정을 통해 본 연구의 목적을 달성하고자 한다. 본 연구를 통해 중국인 한국어 학습자가 한국어 동작상 표지와 중국어 동작상 표지의 공통점과 차이점을 잘 이해하며 신문텍스트에 나타난 한국어 동작상 표지를 중국어로 번역할 때 더 많은 요소를 고려해서 좋은 번역효과를 얻을 수 있는 데에 기초적인 자료가 될 수 있기를 기대한다.

연구 방법과 연구 절차

본 논문은 중국어와 한국어 동작상 표지를 대상으로 번역연구에 초점을 두고 한국어 신문텍스트의 동작상 표지가 중국어로 어떻게 번역되고 있는지를 살피고 동작상 표지의 번역 양상에 무엇이, 어떻게 영향을 미치는지를 밝히고자 한다. 본 연구에서는 신문텍스트를 연구 자료로 선정하였다. 여러 텍스트 유형 중에서 신문텍스트를 채택한 이유는 다음과 같다.

첫째, 번역 교육의 초기 단계에서 교육의 제재로 신문텍스트를 가장 많이 활용하기 때문이다. Kelly(2005)에서는 번역교육 초기 단계에 사용하기 가장 적절한 텍스트는 정보적 텍스트이고, 그 다음으로 호소적 텍스트, 교육 후반기에는 표현적 텍스트를 사용한다고 지적하였다. 지금 중국 4년제 대학교 한국어 학과가 3~4학년에 개설된 번역과정은 번역 교육의 초기 단계에 해당된다.

둘째, 텍스트에 대한 접근성이 용이하다. 제민경(2016)에서 신문텍스트는 언제 어디서나 접근이 용이한 언어 자료이므로 특정 내용을 담고 있는 언어 자료를 찾고자 할 때 우선적으로 선정할 수 있다고 지적하였다[1]. 실제 번역수업에 해당 성취 기준과 관련된 특정 주제나 기법을 담고 있는 경우 신문텍스트를 활용하여 학습활동을 구안할 수 있다.

셋째, 신문은 사회에서 발생한 사건에 대한 정보를 전달할 목적으로 전문 기관에서 발행하므로 올바른 낱말을 사용해야 하고 상황에 맞는 정확한 용어를 사용해야 한다. 따라서 맞춤법에 맞는 낱말과 품위 있는 표준말을 사용해야 하고 외래어를 남발하지 않아야 하는 등의 엄격한 작성법이 존재한다.

1992년 한중 수교 이래 양국 경제, 문화 교류가 활발해지면서 한국의 많은 매스컴에서 중국인 독자층을 확보하고 포털로서의 다양한 서비스를 제공하기 위해 중문사이트를 구축하고 있으며, 주요 기사에 대한 중국어번역을 제공하고 있다. 《조선일보》, 《동아일보》는 한국의 대표 신문사로서 각 신문사에서 제공하는 중문사이트는 비교적 영향력이 크고 광범위한 독자층을 가지고 있다고 볼 수 있다. 따라서 본 논문은 《조선일보》, 《동아일보》 두 신문사를 선정해서 한국어 동작상 표지의 중국어 번역양상을 살펴보고자 한다.

조사대상은 신문의 본문이며, 각 기사의 제목은 헤드라인이라는 특성상 일반 문장과는 크게 다른 표현을 하는 경우가 많아 본 연구의 대상에서 제외되었다.

신문은 일반적으로 정치, 경제, 사회, 문화, 국제, 스포츠, 과학, 예술, 논평, IT 등으로 분류되지만, 신문사마다 다소 분류의 차이가 있다. 본 연구는 《조선일보》, 《동아일보》 두 개의 신문사에서 공통적으로 가지

---

[1] 제민경(2016:354)참조.

고 있고, 비교적 중요한 정치, 경제, 사회, 문화, 논평의 5파트의 기사문을 연구대상으로 선정하였다. 각 5파트의 2015년 1월부터 2017년 1월까지의 기사문을 HWP 파일로 수집하였다. 번역 연구에서는 어느 정도 규모의 데이터를 구축해야 보편성을 가질 수 있다고 판단하여 본 논문은 분야마다 기사문 120편씩 총 1,200편의 한국어 원문텍스트와 이에 대응되는 중국어 번역텍스트를 수집하였다.[①]

본 연구는 한국어 동작상 표지의 중국어 번역양상을 살펴보고 동작상 표지를 중국어로 번역할 때 고려해야 할 요소가 무엇인지를 밝히는 데에 목적을 둔다. 본 연구에서는 주로 통사와 담화 두 측면으로 분석을 진행하기로 한다. 본고의 연구절차는 다음에 서술한 것과 같다.

Ⅰ장에서는 한국어 동작상 표지의 중국어 번역 양상을 연구하는 필요성을 소개하고, 동작상에 대한 선행연구를 살펴본 후에 연구방법과 연구절차를 제시한다.

Ⅱ장에서 먼저 동작상의 체계와 의미기능을 소개하고 본 연구의 연구범위를 설정하였다. 다음에는 동작류의 개념과 분류를 소개하고 동작류의 하위부류를 상태동사, 달성동사, 행위동사, 완수동사, 순간동사로 설정하였다. 마지막에는 번역의 과정과 기준을 제시하였다.

Ⅲ장은 '-고 있-'의 중국어 번역에 영향을 미칠 수 있는 통사적인 요소를 동사부류, 문장 성분, 부정 세 측면으로 밝히고 실제 신문텍스트에서 이런 통사적 요소가 '-고 있-'의 중국어 번역에 어떤 영향을 미칠 수

---

① 전체 자료는 1,769,038 단어수(어절수)의 규모를 가지고 있다. 그 중 한국어 원문 텍스트는 972,970 단어수이다.

있는지를 제시하였다.

Ⅳ장은 담화적 측면에서 신문텍스트 중에 '-고 있-'의 중국어 번역에 영향을 미칠 수 있는 요소를 밝혔다. 신문텍스트에서 '-고 있-'이 지니는 객관화, 현장감 증대, 호소의 의미기능이 '-고 있-'의 중국어 번역에 어떤 영향을 미칠 수 있는지를 제시하였다.

Ⅴ장은 실제 신문텍스트를 분석하는 결과를 기반으로 '-고 있-'의 중국어 번역교육에 적용할 수 있는 교육적 시사점을 제시하였다.

Ⅵ장은 결론에 해당된다.

3

선행연구

19세기 초기에 상(aspect)이라는 개념이 슬라브어에서 최초로 사용되었고, 그 이후에 게르만어를 거쳐 영어에 전파되었다. 이 용어는 슬라브어에서 시제(tense)라는 범주와 구별하기 위하여 사용된 것이다.[1]

현대 한국어와 중국어의 연구에서 상 표지는 거의 모든 문법서에서 다루어질 만큼 문법 연구에서 중요한 위치를 차지하고 있다. 한국어의 경우 1970년대부터 시제에 대한 연구가 많이 진행되었고 많은 연구 성과를 거두었다. 이 시기의 연구는 시제 관련 형태에 대한 종전의 시제(tense) 중심 관점에서 상(aspect), 서법(mood) 등의 여러 관점으로 재해석되기도 하였다. 연구자에 따라 하나의 상 표지를 시제나 상 혹은 서법으로 설명하기도 하고 시제와 상이 결합된 상의 복합 범주, 또는 시제, 상, 서법이 결합된 복합적인 범주를 나타내는 것으로 보는 경우도 있었다. 중국어의 상표지 연구 역시 비슷한 경로로 발전해왔다. 중국어 상표지 연구의 주된 입장은 중국어 문법 체계에서는 시제가 존재하지 않고 상 범주만 존재한다는 것인데, 1950년대부터 구소련의 언어이

---

[1] 왕례량(2012:5)참조.

론의 영향으로 이러한 주장에 문제가 제기되기 시작하였고, 1980년대에 들어와서 문법 범주로서의 시제가 존재한다는 주장이 두각을 나타내고 있지만 여전히 상 범주 독자성 주장이 우세를 보이고 있다. 다시 말하면 중국어 시간요소들을 상 범주로 보는 것이 타당하다는 점에 어느 정도 의견 일치가 이루어지고 있다고 판단된다.

한국어와 중국어 동작상에 대한 대조 연구는 21세기부터 활발해졌다. 주로 한국어 시제 표지와 중국어 시제 표지의 대조 연구와 한국어 동작상 표지와 중국어 동작상 표지의 대조 연구 두 측면으로 나눌 수 있다. 각각을 좀 더 자세히 살펴보면 다음과 같다.

① 한국어와 중국어 시제 대조분석에 대한 연구

羅遠惠(2001)에서는 중국어 '了'가 시제 기능과 상적 기능을 가지고 있는 것으로 보고 '了'가 문법범주에서 한국어와 가지는 대응관계를 제시하고, '了'의 분포와 제약 양상을 제시하며 대응되는 한국어 표현을 제시하였다. 이 연구에서 '了'는 일반적으로 한국어의'-었-'과 일치하는데 '了'가 용언의 제약을 받고 있는 것과 달리 '었-'은 이런 제약을 받지 않기 때문에 '了'는 '-었-'에 포유된다고 지적하였다.

조영화(2003)에서는 한국어 시상형태소와 중국어 시상형태소를 비교하여 차이점과 공통점을 제시하였다. 한국어의 '-는-'은 과거에만 쓰이지 않고 현재와 미래에 두루 쓰이며, 상으로서는 진행, 지속, 미완료, 예정 등에 두루 쓰이고, '-었-'은 과거, 현재, 미래에 두루 쓰이고 과거완료상·과거진행(지속)상·현재완료상·현재 계속상·미래 지속상·미래완료상 등을 나타내며, '-겠-'은 과거 현재 미래에 두루 쓰이고 추정, 의도, 가능 서법 기능이 있다고 지적하였다. 중국어 시상형태소 '了'는 과거, 현재 완료, 가까운 미래, 지속에 두루 쓰이고, '-着'은 '지속'의 기본적인 의미를 가지고 있지만 동시성도 가지고 있고, '過'는 동사, 조사, 보어 여러 갈래에서 다양하게 쓰고 있다고 지적하였다. 이 논문은 2000년 이후 처음 등장하는 한국어와 중국어의 시상을 대조 분석하는 연구로서 의미가 있지만 시제와 동작상을 따로 구분하지 않고 시상형태소로 분석하는 것에 그 한계가 있다. 그리고 이 연구에서 한국어 시상형태소와 중국어 시상형태소 각각의 특징을 소개하는 것에 그치고 엄밀한 대조 분석이 이루어지지 못한 점 또한 아쉽다.

마홍염(2004)에서는 단순문, 내포문, 접속문에서 한국어 시간 표현 요소 '-었-', '-었었-', '-겠-'이 어떤 중국어 시간 표현 요소와 대응되는지를 조사하였다. 동사문에서 '-었-'은 주로 '了'로 대응되고, 형용사문과 '이다'문에서는 시간 부사어 '总竟/总, 那时, 以前'등으로 대응된다는 것을 제시하였다. '-었었-'은 '단속'의 의미를 가지고 있으며 동사문과 형용문에서는 주로 '過'로 번역되고 '이다'문에서는 주로 시간 부사어 '总竟 / 总, 那时, 以前'으로 번역되고 '過'로 번역되어 있지 않다고 제시하였다. '-겠-'은 추측, 의지, 미래, 능력의 의미를 가지고 있으며 이와 대응되는 문법적 요소가 없고 다양하게 번역되고 있다. 동사문에서 주로 시간 부사어 '將要, 裝, 快要', 동사 '要', '會'로 번역되어 있고 형용사문과 '이다'문에서는 '會'로 번역되어 있다고 지적하였다. 문장유형에 따라 한국어 시간 표현 요소의 중국어 대응 표현을 제시하는 부분에 이 연구가 의미가 있지만 실제 언어 자료가 아니고 연구자가 만든 문장을 사용해서 분석하기 때문에 객관성이 부족하다는 한계점이 있다.

王芳(2006)에서는 현재, 과거, 미래 세 측면으로 한국어와 중국어의 시제 체계를 대조 분석하여 공통점과 차이점을 제시하였다. 이 연구는 한국어 현재시제 '-는-', 과거시제 '-었-', 미래시제 '-겠-'이 대응되는 다양한 중국어 표현을 정리해서 제시했다는 데에 의의가 있다. 그러나 통사적 측면에서 한국어 시제가 이런 중국어 대응표현과 어떤 공통점과 차이점을 가지고 있는지를 엄밀히 대조 분석하는 작업이 이루어지지 못했다는 한계가 있다. 또한 중국어의 동작상 표지 '着', '正在', '了', '過' 등을 시제요소로 삼아서 연구하였다는 것 또한 이 연구의 한계이다.

　지성녀(2006)에서는 '-었-'을 중심으로 중국어와 한국어의 시제를 대조하여 공통점과 차이점을 제시하였다. 이 논문에서는 '-었-'의 기본 의미가 과거 시제로 보며, 중국어의 '了'는 완료상인 동시에 과거 시제이고, '着'은 지속상인 동시에 현재 시제이고, '過'는 경험상인 동시에 과거시제임을 지적하였다. 그리고 현재 완료된 상황을 나타낼 때 '-었-'은 대응되는 중국어는 '了'이고, 지속의 의미를 나타낼 때 '-었-'은 대응되는 중국어는 '着'이고, 현재 완료된 상태가 지속되는 것을 나타낼 때는 '-었-'은 중국어 '了'와 '着'이고, 과거의 상태를 나타낼 때 '-었-'은 중국어 시간명사나 시간 부사로 대응되고, 반복과 습관을 나타낼 때 '-고 있-'은 대응되는 중국어 표현이 없다고 지적하였다. 이 논문은 '-었-'의 중국어 대응표현을 다양한 측면으로 제시하는 점에서 의미가 있지만 한국어 '-었-'과 대응되는 중국어 표현을 통사적 측면에서 깊은 대조 분석이 이루어지지 못한 점에 아쉬움이 있다.

　김홍실(2008)에서는 '-었-'과 '了'의 의미적 특성과 그들이 쓰이는 양상을 제시하고 이를 바탕으로 '-었-'과 '了'의 공통점과 차이점에 대해 기술하였다. 이 연구에서는 과거, 현재, 미래 세 측면으로만 '-었-'과 '了'를 대조 분석하는 것이 아니고 과거를 과거 완료, 과거 지속, 과거 반복, 현재를 현재 완료, 현재 지속, 미래를 미래 완료, 미래 확정, 미래 진행으로 하위분류하여 더 세밀하게 대조 분석하는 점에 의미가 있다. 그러나 이 연구가 '-었-'과 '了'의 의미를 밝히고 그 단순한 의미측면의 대조만을 제시하는 데에 그치는 점에 한계점이 있다.

② 중국어와 한국어 동작상 대조분석에 대한 연구

최규발(2006)에서는 중국어와 한국어 상표지의 의미 및 부정 형식을 연구하였다. 이 연구에서는 한국어의 '-었-'과 중국어의 '了'는 '완성'뿐만 아니라 시제도 표시할 수 있다고 지적하였다. 그리고 '-었었-'과 '過'는 '완망상'의 표지이며 경험과 단속의 의미로 해석될 수 있다. 한국어의 경우 '-고₁ 있-', '-어 가-', '-어 오-'를 진행상 표지로 '-고₂ 있-', '-어 있-'을 지속상 표지로 보고 중국어의 경우는 '在'를 진행상 표지, '着'을 지속상 표지로 보고 있다. 이 연구는 중국어와 한국어에서 서로 대응 관계를 지니는 상표지의 부정 형식의 같음과 다름을 제시하였다는 의미가 있지만 두 언어의 상표지에 대한 대조분석을 전면적으로 하지 못하고 상표지 부정 형식의 차이점에만 치우쳤다는 한계점이 있다.

최봉랑(2008)에서는 중국어 동태조사 '着'과 한국어 대응표현 '-고 있-', '-어 있-'을 비교하여 연구하였다. 이 연구에서는 먼저 의미특성의 측면으로 분석하여 동작의 지속의 의미특성을 가지는 '着'을 한국어 상표지 '-고 있-'과 대응되고 상태의 지속의 의미특성을 가지는 '着'은 한국어 상표지 '-어 있-'과 대응된다는 것을 제시하였다. 다음에는 '着'의 선행성분에 따른 한국어 대응표현을 밝혔다. 선행성분이 순간동사, 심리동사, 행위동사인 경우 '着'은 주로 '-고 있-'과 대응하고 타동사와 자동사인 경우 '着'은 '-고 있-'과 대응되지만 '-어 있-'과 대응할 수 없다.

선행성분이 형용사인 경우 '着'은 '-고 있-'과 '-어 있-'과 대응할 수 없고 종결어미와 연결어미 '면/면서'로 대응된다고 지적하였다. 이 연구는 선행성분에 따른 한국어 대응표현을 제시하였다는 점에 의미가 있지만 다른 통사적인 요소의 영향을 언급하지 않았다는 한계가 있다.

진남남(2010)에서는 한국어와 중국어의 상을 대조하여 두 언어의 상 체계를 정립하였다. 기동상의 경우는 중국어 '起來'와 이에 대응하는 한국어 '-기 시작하-', '-어 지-'의 특징과 동사 결합제약을 비교 분석하였다. 진행상의 경우는 '-고₁ 있-'은 중국어 상표지 '在'로 대응되는 것을 밝혔다. 완료상의 경우는 '-고₂ 있-'은 중국어 상표지 '着'과 대응되고 중국어 완료상 표지 '了'는 한국어의 과거시제 '-었-'과 완료상 '-어 있-'과 일정한 대응관계를 이룬다는 것을 밝혔다. 이 논문은 상 형태와 동사들의 결합양상을 중심으로만 대조하고 다른 상적 의미에 영향을 미칠 수 있는 요소들을 부분적으로만 고찰하여 체계적으로 완전한 대조를 이루지 못하였다. 그리고 기동상, 진행상, 완료상과 어휘상의 결합관계를 제시하였지만 결합한 어휘상의 개수가 현저히 적고 그마저도 분류 기준이 명확하게 제시되지 않았다.

이명화(2010)에서는 한국어 진행상 표지 '-고₁ 있-'과 중국어 동작상 표지 '在'의 의미적 특성을 밝히고 그들이 쓰이는 양상을 통해 그들의 문법의미 및 사용 분포에서 같음과 다름을 제시하였다. 이 연구에서는 필자가 동사를 상태동사, 행위동사, 달성동사, 성취동사, 순간동사로 분류하고 '-고₁ 있-'과 '在'가 동사분류와 어떤 결합제약을 가지고 있는지를 제시하고 동사분류와의 결합제약 측면의 공통점과 차이점을 밝혔다. 이 연구에서는 동사부류와의 결합제약 측면에서 '-고₁ 있-'과 '在'의 공통점과 차이점을 제시하는 것에 의미가 있다.

이남(2011)에서는 한국어 보조용언 '-고 있-'과 중국어 대응표현을 연구하였다. '-고 있-'은 주로 진행과 지속의 상 의미를 가지고 있으며 진행상 표지 '-고₁ 있-'은 중국어 '正', '在', '正在', '呢', '着₁'과 대응하고 지속상 표지 '-고₂ 있-'은 중국어 '着₂'과 대응한다고 제시하였다. 그리고 '-고 있-'과 중국어 '正', '在', '正在', '着'의 차이점을 품사의 차이와 용언과의 결합 차이 두 측면으로 제시하였다. 용언은 '-고 있-'의 상적 의미를 결정할 수 있는 요소인데 이 연구에서는 용언과의 결합차이를 분석할 때 용언을 더 세부적인 기준으로 제시하지 않고 동사와 형용사로만 나누어 제시하여 좀 더 정치한 분석으로 나아가지 못하였다.

채의나(2011)에서는 한국어와 중국어의 동사를 상태동사, 행위동사, 완성동사, 순간동사, 이행동사, 변화동사, 심리동사로 나누고 능동문, 피동문, 사동문에서 한국어 상표지 '-고 있-', '-어 있-'과 중국어 상표지 '着', '在'가 동사에 따른 결합양상을 살펴봤다. 그리고 동사와의 결합양상을 통해 한국어 시상형태소 '-고 있-', '-어 있-'의 상적 의미를 살펴보고 '-고 있-', '-어 있-'이 대응하는 중국어 상표지와의 유사점과 차이점을 살펴보았다. 이 연구는 한국 세종 말뭉치와 중국 북경대학교 현대한어 말뭉치를 통해서 '-고 있-, '-어 있-'의 중국어와의 대응표현을 상별로 추출하였다는 의의가 있다. 하지만 상표지의 상적 의미에 영향을 미칠 수 있는 요소가 많이 있는데도 불구하고 동사가 상적 의미에 미치는 영향만을 통해 중국어 대응표현을 구축하여 보편성이 부족하다는 한계가 있다.

왕례량(2012)은 동작상 체계를 시상성과 관점상으로 구분하여 중국어와 한국어의 상 범주 체계를 대조 분석하였다. 한국어와 중국어의 시상성을 [±상태], [±지속], [±완결]의 자질에 따라 '상태성 동사, 동작성 동사, 성취성 동사, 완성성 동사' 네 가지로 분류하였다. 이 연구에서는 한국어와 중국어의 상 체계를 명확하게 제시했을 뿐만 아니라 이러한 상표지의 단문, 내포문, 접속문에서의 실현양상 또한 제시했다는 의의가 있다. 하지만 중국어에 시제 범주가 없다고 해서 한국어 역시 상만 존재한다고 하는 반증 방법은 논리적으로 성립하기가 어렵다. 그리고 상표지는 일반적으로 서로 대립관계를 이루는데 이 연구에서는 한국어에서의 완망상만 제시하고 이와 대립된 비완망상을 설정하지 않았다.

위교(2013)에서는 대조언어학의 측면으로 통시적·공시적인 연구를 통하여 한국어 보조용언 '-고 있-'과 중국어 체조사 '着'에 대해서 상적 중의성이 생기는 원인을 밝히고 그 공통점과 차이점을 제시하였다. 통시적 측면에서 '-고 있-'과 '着'의 문법화 과정을 제시하고, 공시적 측면에서 문법화된 '-고 있-'과 중국어 '着'에 드러난 다양한 현상을 분석하였다. 이 연구는 통시적·공시적으로 한국어 '-고 있-'과 중국어 '着'을 대조 분석한 데 의의가 있다.

정의철·쭈즈훼이(2013)에서는 Smith(1991)의 상황 유형이론을 바탕으로 동사를 상태동사, 행위동사, 달성동사, 완수동사, 순간동사로 나눠서 문장 차원에서 한국어 동작상 표지 '-고 있-'과 중국어 동작상 표지 '在', '着'을 대조 분석하였다. 이 연구에서는 '-고 있-'과 '着', '在'가 기본 상황 유형과의 결합제약뿐만 아니라 논항의 변화 때문에 파생된 상황 유형과의 결합제약까지 제시하였다. 이 연구는 동사 이외의 요소가 상표지에 미치는 영향을 제시하는 것에 의미가 있다.

왕리(2013)에서는 한국어 상표지 '-고 있-', '-어 있-'과 중국어 상표지 '在', '着', '了'를 대조 분석하였다. 이 연구에서는 동사를 행위동사, 순간동사, 이행동사, 심리동사, 소유동사, 변화동사, 존재동사, 상태동사로 나누어 동사에 따른 '-고 있-', '-어 있-'과 '在', '着', '了'가 어떤 결합제약을 가지고 있는지를 분석하고 중국어와 한국어 상표지의 공통점과 차이점을 제시하였다. 이 연구는 동사를 엄밀하게 분류하여 중국어 상표지와 한국어 상표지의 결합제약을 제시했다는 의의가 있다.

이설(2014)에서는 중국어와 한국어의 동작상 표지를 대조 분석하여 공통점과 차이점을 다루었다. 동작상의 종류를 '예정상, 기동상, 진행상, 완료상, 결과상태 지속상'으로 분류하고 각각의 표지를 분석하였다. 예정상으로 한국어 '-게 되-'와 중국어 '將要, 即將'을, 기동상으로 한국어 '-어 지-'와 중국어 '起來'를, 진행상으로 '-고₁ 있-'과 중국어 '在, 着₂'을 들었다. 완료상으로는 한국어 '-어 버리-'와 중국어 '掉'를 들었다. 결과상태 지속상으로는 한국어 '-고₂ 있-, -어 었-'과 중국어 '着₁'을 들었다. 이 연구는 예정상을 동작상의 한 종류로 제시하는 점에 한계가 있다. 한국어 학계에서는 예정상에 관한 통설이 정립되지 않고 이론(異論)이 많은 편이다. 중국어에서도 예정상의 문법표지는 주로 부사인 '將, 要, 將要, 即將'으로 표현되기 때문에 다른 동작상 종류의 문법 표지와 큰 차이를 가지고 있다.

박연옥(2014)에서는 한국어 동작상표지 '-고 있-', '-어 있'과 중국어 대응표현을 대조 분석하였다. 이 연구는 선행용언에 따른 '-고 있-', '-어 있-'의 의미특징을 제시하고 이에 대응하는 중국어 대응표현을 제시하여 대조 분석하였다. 역시 이 연구에서도 상표지 상적 의미에 영향을 미칠 수 있는 요소들 중의 선행용언만 고려해서 한국어 상표지의 중국어 대응표현을 살펴보았다.

한경숙(2015)에서는 현대 중국어의 동작상표지 '在'와 '着'의 통사구조에 대한 분석과 의미소 중한 대조 분석 및 '在'와 '着'의 상 자질에 대한 비교 분석을 통해서 '在'와 '着' 사이의 시간 표현의 공통점과 차이점을 분석하였고 동시에 중국어와 한국어 통사구조 상의 공통점과 차이점도 밝혔다. 이 연구에서는 중국어 '在'가 여러 통사구조에서 나타내는 상 자질은 모두 한국어의 진행상 표지 '-고 있-'에 대응되고 '着'은 각각 한국어의 진행상 표지 '-고 있-'과 완료상 표지 '-어 있-'과 대응된다고 지적하였다. 중국어의 동작상은 주로 동사의 상적 자질에 의해 결정되지만 동사 외의 다른 범주의 영향을 받기도 한다. 이 논문은 동사와 주어 두 측면이 중국어 상표지 '在'와 '着'에 미치는 영향을 제시하였다는 의의가 있다.

한경숙(2016)에서는 중국어 시간부사 '正', '在', '正在'의 시상 자질에 대한 중한 대조분석을 하였다. 중국어 시간부사 '正'은 시제 측면에 과거시제의 자질을 나타내고 한국어 '-었-'과 대응되며 상 측면은 '-고 있었-'과 대응된다. 시간부사 '正在'는 시제 측면에 과거시제와 현재시제를 나타내고 상 측면에 동작상과 동태의 지속상을 나타내며 한국어 '-고 있-'과 '-고 있었-'과 대응된다. 부사 '在'는 상 측면에 동작상과 동태의 지속상을 나타내며 한국어' – 고 있-'과 대응된다는 것을 제시하였다. 이 연구는 기존 연구에서 혼용된 '正', '在', '正在'의 변별적 자질을 찾아내는 점에 의의가 있다.

이승희(2016)에서는 한국어와 중국어의 동사를 상적 특성에 따라 어휘상을 분류하고 동사분류에 따라 상 실현 양상을 비교 연구하였다. 이 연구에서는 한국어와 중국어의 상적 특성에 따른 동사 분류 체계를 검토하고 두 언어에 공통으로 적용되는 동사 분류 체계를 제안하였다. 동사를 상태동사, 행위동사, 달성동사, 순간동사, 완수동사로 분류하여 동사구와 상표지가 결합할 때 가지는 제약을 바탕으로 한국어와 중국어의 통사적·의미적인 결합제약을 제시하였다. 이 연구에서는 '-고 있-'의 진행 의미와 지속 의미 중 진행 의미만 언급하였다는 한계가 있다.

위의 연구들을 통해 중국어와 한국어 동작상을 대상으로 하는 대조 연구가 활발히 이루어지고 있으며, 한국어와 중국어 동작상 표지의 대응관계의 큰 틀이 어느 정도 확립되어 있음을 알 수 있다. 다음으로, 한국어와 중국어 동작상 표지의 번역을 실제 텍스트를 통해 분석한 연구에 대해 살펴보도록 하겠다.

③ 동작상 한중 번역에 대한 연구

최근 한중 두 언어 간의 번역에 관한 연구가 다양한 측면에서 점차 활발해지고 있지만 중국인 한국어 학습자를 대상으로 하는 한중 혹은 중한 동작상 번역 연구는 아직 초보적 단계에 머물러 있다.

김경선(2003)에서는 사유방식 차이의 측면에서 중국어를 한국어로 번역하는 과정에 나타나는 어미의 처리문제, 그 중에서 시제를 나타내는 어미와 접속어미의 처리에 대해 논의하였다. 하지만 중국어와 한국어의 사유방식 상의 차이점을 보다 세부적이고 깊이 있게 다루지 못했다는 한계를 지닌다.

황미(2013)에서는 한국어와 중국어의 시간 표현을 비교하여, 과거시간, 현재시간, 미래시간, 동작상 측면으로 한국어 시간표현에 가장 가깝게 대응되는 중국어번역을 정리하였다. 이 연구는 한중 번역만 살펴보고 중한 번역을 언급하지 않았다. 그리고 서로 대응하는 한국어와 중국어 시간표현만 정리하고 실제 텍스트를 번역할 때 사용되는 번역

전략을 제시하지 않았다.

이민(2016)에서는 한국어와 중국어의 상표지 '-고 있-'과 '着'의 상적 의미를 분석하고 번역 텍스트에서의 실현양상을 제시하였다. 실제 번역텍스트에서 '-고 있-'이 어떤 중국어 동작상 표지로 번역되는지를 연구했다는 의의가 있다. 그런데 이 연구에서 분석한 소설과 신문텍스트의 규모는 그리 크지 않다. 그리고 '-고 있-'이 특정 중국어 동작상 표지로 번역되는 이유를 면밀히 밝히지 못했다.

이제까지 중국어와 한국어 동작상 표지 번역 연구에 대한 연구사를 살폈는데, 앞선 연구의 문제점을 다음과 같이 정리할 수 있다.

첫째, 한국어 동작상 표지와 중국어 동작상 표지를 의미적과 동사와의 결합제약을 대조 분석하는 연구가 대부분이다. 상적 의미에 영향을 미칠 수 있는 다른 통사적인 요소를 고려하지 않았다.

둘째, 실제 텍스트를 자료로 한국어 동작상 표지의 중국어 번역양상을 분석한 연구가 드물다. 앞선 연구의 대부분이 한국어와 중국어 동작상 표지의 대응관계를 이론적 측면에서만 제시하는 데에 그쳤고 객관적인 자료를 통해서 한국어 동작상 표지의 중국어 번역양상을 연구한 논의는 많지 않다.

셋째, 통사적 요소뿐만 아니라 담화 측면의 요소도 한국어 동작상 표지의 중국어 번역에 영향을 미칠 수 있는데도 불구하고 담화 측면의 요소를 고려해서 전개한 연구는 찾아보기 힘들다.

따라서 본 연구는 위의 문제점을 바탕으로 신문텍스트에서 한국어 동작상 표지 '-고 있-'의 중국어 번역양상을 살펴보고 번역양상에 양향을 미칠 수 있는 요소에는 무엇이 있는지를 통사와 담화 두 측면에서 밝히고자 한다.

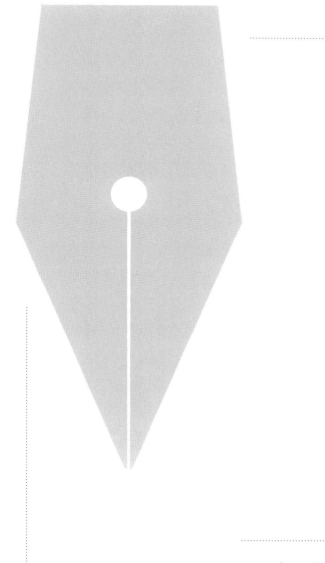

II

이론적 배경

1

동작상의 체계와 의미기능

1.1. 동작상의 체계

상(aspect)은 본래 슬라브어 'vid'에 해당되는 것으로 필자의 장면에 대한 동작의 주관적인 관점을 의미한다. 이는 동사의 활용에서 완료와 미완료의 구별을 지칭하기 위해 사용된 용어로 어떤 동작이나 사건의 시간적 양태, 혹은 시간적 폭이 어떻게 펼쳐져 있는가를 보이는 것이라 할 수 있다.

상은 두 가지 의미로 나누어 생각할 수 있다. 하나는 동사어휘의 고유한 의미자질 가운데 시간과 관련된 자질, 즉 각각의 동사에 내재된 시간적 특성을 뜻하고 다른 하나는 동사가 '상표지'와 결합하여 드러내는 '진행상', '완료상', '지속상' 등을 뜻한다. 전자는 '동작류', '상황 유형', '어휘상'이라고 하고 후자를 '동작상', '관점상', 문법상'이라고 한다[1]. 넓은 의미의 '상'으로는 '동작류'와 '동작상'을 의미하고 좁은 의미의 '상'으로는 '동작상'만을 뜻한다.

---

[1] 고영근(2004)에서는 '어휘상'을 '동작류', '문법상'을 '동작상'이라고 부르고 있다. 본 연구에서도 고영근(2004)의 견해를 따라 어휘상을 '동작류'로, 문법상을 '동작상'으로 지칭하도록 한다.

　　동작상은 하나의 상황이 가지고 있는 '시작점, 내적단계, 종결점'과 같은 내부 시간 구조를 바라보는 필자의 주관적인 관점을 가리킨다[1]. 동작상은 주어진 시간적 위치 안에서 상황이 시간적으로 어떻게 변모하는지를 나타내는 것인데 상황전체를 더 이상 분석할 수 없는 하나의 전체로 보는 완료상(perfective)과 상황의 내부구조와 관련시켜 어느 일부분만을 보는 미완료상(imperfective)으로 구분한다[2].

　　Smith(1991)에서는 완료상은 필자가 시작점, 내부단계, 종결점으로 구성된 상황의 내부 시간 구조를 더 이상 분석하지 않고, 바깥에서 바라본 듯이 하나의 덩어리로 보는 관점을 나타내는 것이고[3] 미완료상은 필자가 시작점, 내부단계, 종결점으로 구성된 상황에서 시작점과 종결점을 포함하지 않는 내부단계를 바라보는 관점을 나타내는 것이라고 지적하였다.[4]

1.1.1. 한국어의 동작상 체계

　　현대 한국어에서 시제와 동작상의 범주에 대한 논의는 세 가지로 나눌 수 있다. 하나는 시제를 설정하지 않고 동작상과 서법의 범주만을

---

[1]　정의철 · 쭈즈훼이(2013:327)참조.

[2]　Comrie(1976:25)참조. 연구자에 따라 perfective와 imperfective의 대한 번역이 다르다. 박진호(2011:304)에서는 Comrie(1976)의 정의를 수용하여 '완망상'과 '비완망상'으로 번역해야 한다고 지적하였다. 한동완(1996:26)에서는 '내망상'과 '외망상'으로 번역하였다. 임동훈(2010:20)에서는 '완결'과 '미완결'이란 용어를 사용해야 한다고 지적하였다. 혼란을 피하기 위해서 본 연구는 학계에서 널리 쓰여 온 번역어 '완료'와 '미완료'를 선택하여 연구 전개한다.

[3]　Smith(1991:3)참조.

[4]　Smith(1991:62)참조.

설정하는 주장(남기심, 1975)이고, 하나는 시제와 동작상이 미분화된 혼합적인 범주를 설정하는 주장(서정수, 1976; 김석득, 1974 등), 또 하나는 시제와 동작상의 명확한 구분을 드러내도록 범주를 설정하는 주장(박덕유, 2007)이다. 이 중 시제와 동작상을 구별해서 설정하는 것이 타당하다고 보는 연구가 다수를 이룬다. 박덕유(1998)에서는 시제와 동작상 모두가 시간과 밀접한 관계를 갖고 있으므로 시간표현 속에서 시제와 동작상을 이해해야 한다고 하였다. 그러나 동시에 동작상은 시제와 다른 범주임을 구별하지 않으면 안 된다고 지적하였다. 그는 시제와 상의 차이를 '시간이라는 하나의 선상에 장면이 있다면 그 장면의 시간적 위치를 제시하는 것이 시제요, 그 장면 내에서 동사의 동작이 어떻게 펼쳐지는가를 보이는 것이 바로 동작상이다'라고 지적하였다.[1]

한국어의 동작상의 체계에 대한 기존의 연구들은 동작상을 완료상과 미완료상의 二分대립으로 보는 경향과 예정상, 진행상, 완료상의 三分대립으로 보는 경향으로 나누어져 있다[2]. 동작상의 체계는 아래표가 제시하는 것과 같다.

---

[1] 박덕유(2010:19)참조.
[2] 이지량(1982), 이남순(1998), 김천학(2007) 등이 二分대립 주장을 가지고 있고 박덕유(1998), 고영근(2004)등이 三分대립을 주장하고 있다.

< 표 1> 선행연구에서의 동작상 체계

이지량 (1982)	완결상태지속		'- 어 있 -'
	진행		'- 고 있 -', '- 어 가 -'
옥태권 (1995)	예기상		'- 려 하 -'
	시작상		상적 동사로 실현 ' 시작하다 '
	계속상		'- 고 있 -'
	향진상		'- 어 오 -', '- 어 가 -'
	완결상		'- 어 버리 -'
	결과 지속상		'- 어 있 -'
이호승 (1997)	완료상		'- 어 버리 -'
	미완료상		'- 고 있 -', '- 어 있 -'
박덕유 (1998)	완료상		'- 고₂있 -', '- 어 있 -', '- 어 버리 -', '- 어 치우 -', '- 어 내 -', '- 어 나 -', '- 어 두 -', '- 어 놓 -', '- 고 말 -'
	미완료상	진행	'- 고₁있 -', '- 어 오 -', '- 어 가 -'
		반복	'- 곤 하 -', '- 어 대 -', '- 어 쌓 -'
		예정	'- 려고 하 -', '- 게 되 -'
고영근 (2004)	완료상		'- 고 나 -', '- 고 말 -', '- 고₂있 -', '- 어 가지 -', '- 어 내 -', '- 어 놓 -', '- 어 두 -', '- 어 먹 -', '- 어 빠지 -', '- 어 버리 -', '- 어 있 -', '- 어지 -', '- 어 치우 -'
	진행상		'- 고₁있 -', '- 곤 하 -', '- 어 가 / 오 -', '- 어 나가 -', '- 어 대 -', '- 는 중 -', '- 는 길 -'
	예정상		'- 게 하 -', '- 게 되 -'

위의 표를 통해서 한국어에서 동작상의 체계에 대한 견해가 주로 이 분대립과 삼분대립 두 개로 나누어져 다양하게 제시됨을 알 수 있다.

이 중 대표적인 견해는 박덕유(1998)와 고영근(2004)이다. 본 연구는 박덕유(1998)와 고영근(2004)의 견해를 종합하여 동작상 하위분류를 아래와 같이 설정하였다[①].

<표 2> 선행연구에서의 동작상 체계

완료상	'- 고 말 -', '- 고$_2$있 -', '- 어 내 -', '- 어 놓 -', '- 어 두 -', '- 어 버리 -', '- 어 있 -', '- 어 치우 -'
진행상	'- 고$_1$있 -', '- 곤 하 -', '- 어 가 / 오 -', '- 어 대 -',
예정상	'- 게 되 -'

본 연구에서는 한국어 동작상의 체계를 표<2>와 같이 설정한다. 완료상은 '-고 말-', '-고$_2$ 있-', '-아 내-', '-어 놓-', '-어 두-', '-어 버리-', '-어 있-', '-어 치우-'로, 진행상은 '-고$_1$ 있-', '-곤 하-', '-어 가/오-', '-어 대-'로, 예정상은 '-게 되-'로 설정하였다. 앞서 서술한 것과 같이 본 연구는 신문텍스트를 연구 자료로 선정하였는데 한국어 동작상 표지의 신문텍스트 출현 양상을 살펴보면 다음과 같다.

---

① 본 연구는 '-고 있-'의 중국어 번역을 연구하는 데에 목적을 두고 있기 때문에 여기에서는 동작상의 하위분류를 중점으로 연구하지 않고, 박덕유(1998)과 고영근(2004)에서 모두 인정된 동작상 표지를 하위분류로 설정하여 연구하기로 한다.

< 표 3> 신문텍스트 중 동작상 표지의 출현빈도

순위	상표지	횟수
1	- 고 있 - [1]	2500
2	- 어 있 -	481
3	- 어 오 -	434
4	- 어 놓 -	288
5	- 게 되 -	253
6	- 어 내 -	241
7	- 어 가 -	133
8	- 어 버리 -	43
9	- 어 두 -	10
10	- 곤 하 -	9
11	- 고 말 -	7
12	- 어 치우 -	5
13	- 어 대 -	5

위의 표를 통해서 신문텍스트 중에 동작상 표지 '-고 있-'이 제일 많이 나타나며, 그 다음은 '-어 있-'인 것으로 나타났다. 텍스트에서 특정한 문법을 사용하는 것은 해당 문법이 지니는 특정한 의미기능이 활성화된 것이며, 특정 상황 맥락에서 해당 표현을 많이 사용하고자 하는 것은 특정 장르의 '전형적 의미 특성'을 드러내고자 하는 욕구와 결합된다고 할 수 있다[2]. 따라서 '-고 있-'이 신문텍스트에서 두드러지게 많이 사용되는 것은 이 문법 표지가 신문텍스트의 특성과 관련이 깊다는 것을 의미한다. 따라서 본 논문은 신문텍스트의 특성을 잘 드러낼 수 있는

---

[1] '-고₁ 있-'은 1,260회, '-고₂ 있-'은 1,240회로 나타났다.

[2] 주세형(2016:163)참조.

동작상 표지 '-고 있-'을 연구대상으로 삼기로 한다.

1.1.2. 중국어의 동작상 체계

중국어에서는 동작상(aspect)을 '時態, 體, 動相, 相, 情貌' 등 많은 용어로 부르는데 그 중에서도 많이 사용되는 용어는 '時態'와 '體'이다. 본 연구에서는 앞서 서술한 한국어와의 용어 혼란을 피하기 위해서 '동작상'이라는 용어로 통일하여 사용하기로 한다. 한국어와 마찬가지로 중국어 동작상 하위분류에 대한 견해 또한 다양하다. 많은 견해 중에 陳前瑞(2008)의 분류는 중국어 상 체계의 대표적인 분류 중 하나이다. 陳前瑞(2008)의 동작상 분류는 다음과 같다.

<표 4> 陳前瑞 (2008) 의 동작상의 하위부류

핵심 시점상 (核心視點體)	비완전상 (내부시점상) 未完整體 (內部視點體)			완전상 (외부시점상) 完整體 (外部視點體)		
	접미사 (詞尾)' 着 '			접미사 (詞尾)' 了₁ '[①]		
변두리 시점상 (邊緣視點體)	진행상 (내부시점상) 進行體 (內部視點體)			완성상 (외부시점상) 完成體 (外部視點體)		
	正在、正、在、呢			了₂, 过, 来着, 来, 来了		
단계상 (階段體)	기시상 起始體	연속상 延續體	완결상 完結體	결과상 結果體	단시상 短時體	반복상 反復體
	起来	下来 下去	完, 好, 过	到, 得, 着 (zhao)	说说	说说笑 笑

---

① 중국어의 조사 ' 了 '는 동태조사와 어기조사로 구분한다. 일반적으로 동사 뒤에 오는 것을 동태조사라고 하며 ' 了₁ '로 표시하고, 문미에 오는 것을 어기조사라고 하며 ' 了₂ '로 표시하고 있다.

연구자에 따라 동작상 표지의 범위가 다양한데 이를 중국어에서 동작상 표지로 논의되어 있는 형식은 주로 동태조사, 시간부사, 어기조사, 동사의 중첩형식, 동상보어 등이 있다. 위의 표는 중국어 동작상 표지 연구의 다양한 결과를 종합한 것으로, 陳前瑞(2008)에서는 동작상의 하위분류를 '핵심시점상', '변두리 시점상', '단계상'의 세 측면으로 설정하여 그 중 동태조사'了', '着', '過', 어기조사 '呢', '了₂', 시간부사 '正', '正在', '在', 동상보어 '完', '好', '到', '得' 동사의 중첩 형식 '说说', '说说笑笑'가 포함되었다.

이 중 동태조사는 동사가 나타내는 여러 가지 동작, 행위의 완료, 지속, 진행, 경험 등을 나타내는 조사이다. 중국어의 동태조사에는 일반적으로 '了', '着', '過' 세 가지가 있다고 여겨진다. 동태조사를 동작상 표지로 보는 것은 학계에서 일반적이다. 따라서 본 연구에서는 동태조사를 중국어 동작상 표지로 설정한다.

동상보어의 경우, 중국어의 보어는 일종의 특별한 문장 성분으로 동사 또는 형용사 뒤에 위치하여 주로 동사 또는 형용사에 대한 보충설명을 위해 사용된다. 이는 동작의 결과, 방향, 가능성 등을 나타내는데 그 종류에는 일반적으로 '결과보어', '방향보어', '가능보어', '상태보어', '정도보어', '수량보어'가 있다.[1] 이 가운데서 동작상과 관련되는 것은 결과보어[2]와 방향보어[3]이다. 결과보어는 문법화의 수준이 높지 않고 학계에서도 어떤 결과보어를 동작상 표지로 설정해야 하는지에 대한 일치

---

① 이설(2014:41)참조.
② 결고보어는 동사 뒤에 사용하고 동작이나 행위, 현상, 변화가 초래한 결과를 나타내는 보어이다.
③ 방향보어는 동사 뒤에 사용하고 동작의 방향을 나타내는 보어이다.

한 견해가 없기 때문에 본 연구에서는 결과보어를 동작상 표지로 삼지 않기로 한다. 이설(2014)에서는 방향보어 중에서 복합 방향보어가 어느 정도로 문법화 되어 비 이동동사 뒤에 쓰일 때 '시작', '진행', '완료' 등 추상적인 의미를 나타낼 수 있다고 지적하였다[①]. 따라서 본 연구에서는 방향보어 중의 문법화의 정도가 높은 '下来', '下去', '起来' 만 동작상 표지로 분류한다.

李泉(1996)에서는 시간부사를 사물 혹은 동작이 변화가 발생하는 시간이나 빈도를 나타내는 것이라고 정의하였다. 高名凯(1948)에서는 시간부사 중의 '正, 正在, 在'를 동작상 표지로 제시하였는데, 이에 대한 후속 논의가 다양하게 전개되었지만 90년대 이후로는 대체로 이 견해를 인정하는 추세이다. Li&Thompson(1981), Yang(1995), 龚千炎(1995), Smith(1997), Xiao& McEnery(2004), 石毓智(2006), 陈前瑞(2008) 등에서는 '正, 正在, 在'를 동작상 표지로 인정하였다.

어기조사는 주로 문장의 끝에 놓여 필자의 태도와 정서를 나타내는 중국어의 특수한 품사이다. 한국어와 비교했을 때 중국어와 어기조사는 서법 범주로 귀속되거나 양태 의미를 나타내는 요소로 보아야 한다. 徐晶凝(2008:175)에서는 '呢'의 전형적인 의미를 '필자는 청자와 공유한 예상의 기초 위에서 어떤 점을 천명하고 아울러 청자의 주의를 이끎'이라고 주장했다. 이를 통해서 '呢'의 기본적인 용법은 양태의미를 나타냄을 볼 수 있다. 어기조사 '了₂'에 대해서 이명정(2010)에서는 시제 기능, 상 기능· 양태기능 세 가지를 다 가지고 있는 표지라고 판단하였고 郭锐(2008)에서는 어기조사 '呢', '了'를 동작상 체계에 포함하면 안 된다고

---

① 이설(2014:42)참조.

지적하였다.

이설(2014)에서는 동사의 중첩형식을 동작상보다는 양태의미를 나타내는 요소로 보는 것이 더 타당하다고 주장하였다[①]. 따라서 본 연구는 위의 견해를 종합하여 아래 표<5>와 같이 중국어 동작상의 하위분류 체계를 설정하였다.

<표 5> 중국어의 동작상 체계

완료상		'了₁', '着₂', '过', '来着', '来' '来了'
비완료상	진행상	'着₁', '正在', '正', '在', '下来', '下去'
	예정상	'起来',

다음으로 한국어 동작상 표지 '-고 있-'의 중국어 번역 양상을 표<5>를 기준으로 살펴보고, 각 동작상 표지가 번역에 선택된 이유에 대해 고찰하고자 한다.

1.1.3. '-고 있-'과 대응되는 중국어 동작상 표지

'-고 있-'은 상적 의미는 보통 '-고₁ 있-'과 '-고₂ 있-'으로 구분하여 논의하는 게 일반적인 연구의 흐름으로 보인다. 김성화(2003)에서는 '-고 있-'의 상 의미를 완료와 미완료 두 가지로 나누어서 보고 있는데, '-고₁ 있-'은 미완료에서 '단순 지향성 진행'의 의미를 가지고 있고 '-고₂ 있-'은 완료에서 '종결된 동작의 결과가 존재함을 나타낸다고 지적하였다. 고영근(2003)은 '-고₁ 있-'을 진행상 표지로 보고 '-고₂ 있-'을 완료상으로 보

---

① 이설(2014:49)참조.

고 있다.

기존 연구에서 '-고₁ 있-'과 대응하는 중국어 동작상 표지는 '正', '正在', '在', '着₁'이 있다. '-고₂ 있-'과 대응되는 중국어 동작상 표지는 '着₂', '了'이다. 본 절에서는 중국어 동작상 표지의 의미적 특성을 살펴보겠다.

① '在'의 의미적 특성

《现代汉语八百词》에서는 '在'를 시간부사로 간주하면서 진행을 나타낸다고도 하고, 동작이 진행 중이거나 상태가 지속 중임을 나타낸다고도 한다.

陸儉明, 馬眞(1985)은 '在'가 진행상을 나타낸다고 주장하였다. 鄭懿德(1988)에서는 '在'는 진행의미를 나타내고, 동작이나 상태가 진행 혹은 지속 중에 있음을 나타낸다고 설명하였다. 또 《虛辞例释》에서 '在'는 '동작 진행의 상태'를 나타낸다고 주장하였다. 石毓智(2006)에서는 '在'는 과거의 불확실한 시점에서 시작하여 말하는 시점까지 하나의 시간 구간을 나타내어 동작이 진행되는 상황을 나타낸다고 보았다[1].

呂叔湘(1999)에서는 '在'를 동작의 진행이나 상태의 지속을 나타낸다고 주장하였는데, 이에 대해 김미성(2016)에서는 '在'의 의미를 지속으로 보는 연구의 대부분은 시간부사나 '着' 또는 시간의 길이를 의미하는 단어와 함께 사용한 예들을 가지고 '在'의 성격을 파악하였기 때문에 '在'의 고유 의미를 잘못 변별한 것이라고 지적하였다[2].

---

[1] 石毓智(2006 : 16) 참조.
[2] 김미성(2016 : 103) 참조.

郭風嵐(1998)에서는 '在'의 의미적 특성을 시량(時量)[1]·연속성(延續性)으로 설명하였다. 실제 언어 환경에서 '在'는 동작의 진행 또는 동작이나 상태의 지속이 가지는 시간의 길이(量度), 즉 '時量'을 나타내는 데 주로 사용된다. 이때 '在'가 가지는 '時量' 의미는 폐쇄적이지 않고 개방적이다. 다시 말하면 '在'가 나타내는 동작행위의 진행 혹은 동작행위나 상태 지속의 시간 '量度'는 길수 도 있고 짧을 수도 있다. 동작행위의 시간이 한 시간 '量度'상에 위치하기만 하면 된다. '在'는 연속성을 가진다. 동작행위의 시간 '量度'는 과거 일정한 시간동안의 동작행위를 나타낼 수 있고, 과거부터 현재까지 지속된 혹은 계속 지속될 동작행위를 나타낼 수도 있고, 눈앞의 일정 시간동안의 동작행위를 나타낼 수도 있고, 현재부터 계속 지속될 동작행위를 나타낼 수도 있다[2].

위의 견해를 종합하여 '在'의 의미적 특성을 동작이 진행 중임을 나타내며 동작이 진행되는 '時段'을 강조함으로 정리할 수 있다.

② '正'의 의미적 특성

呂叔湘의《现代汉语八百词》에서는 '正'이 동작이 진행 중이거나 상태가 지속 중임을 나타낸다고 지적하였다[3]. 高名凱(1948), 龔千炎(1995), 陳前瑞(2003)에서도 '正'을 동작상 표지에 포함시키고 그 의미

---

① 많은 연구에서 '時段'이라는 용어로 사용한다. '時量'과 같은 뜻이다. 용어의 혼란을 피하기 위해서 본 연구에서는 '時段'(시단)의 용어를 사용하기로 한다.
② 郭風嵐(1998:38) 참조.
③ 呂叔湘은《现代汉语八百词》에서 '正'의 의미를 아래와 같이 설명하였다.
　① 동작의 진행 혹은 상태의 지속
　② 巧合, 恰好, 刚好
　③ 긍정의 어기를 강조

를 진행이나 상태의 지속으로 간주하였다. 侯學超의 《现代汉语虚词词典》에서는 '正'을 동작이 진행 중에 있거나 상태가 지속 중에 있음을 나타낸다고 지적하였다.

郭風嵐(1998)에서는 '正'은 '시위(時位)[1]·비연속성(非延續性)'의 의미를 가지고 있다고 주장하였다. 이 연구에서는 '正'을 동작 행위의 진행 혹은 지속의 시간 시점, 위치에 중점을 두는 '時位'라고 보았다. 이 '時位'는 흔히 '正'이 사용된 문장의 앞 혹은 뒷 문장에서 주체의 동작행위의 시간 시점을 참조로 한다. 동시에 '正'이 표현하는 동작행위는 진행이나 지속의 시간위치가 고정적이다. 그것은 일정한 시간범위 내의 한 위치에 존재하는데, 그 시간 범위는 클 수도 있고 작을 수도 있다. 다시 말하면 '正'은 비연속성의 의미적 특징을 가지고 있다[2].

위의 견해를 종합하면 '正'의 의미적 특성을 동작이 진행 중이거나 상태가 지속 중임을 나타내며 동작이 진행 혹은 상태가 지속되는 '時點'을 강조함으로 정리할 수 있다.

③ '正在'의 의미적 특성

潘文娛(1980)에서는 형식상 '正在'를 '正'+'在'로 볼 수 있다고 주장하였다. '正在'는 또한 동작의 진행을 나타내는데, 그것은 동작의 시간을 나타내기도 하고 동작진행 시 드러나는 상태를 나타내기도 한다. 《现代汉语词典》에서 '正在'는 동작이 진행 중에 있거나 동작이 지속 중에

---

① '時點'이라는 용어도 많이 사용한다. '時位'와는 같은 의미를 지닌다. 용어의 혼란을 피하기 위해서 '時點(시점)의 용어를 사용하기로 한다.
② 郭風嵐(1998:39)참조.

있다는 의미를 가지고 있다고 지적하였다.

郭風嵐(1998)에서는 일반적으로 '正在'는 '正'의 쌍음절 형식으로 보는 것이 더욱 합리적이라고 제기하고 있다. '正在'와 '正'이 의미특징상 기본적으로 일치하고, 기능형식상 양자는 대응되거나 서로 보충하는 분포양식을 드러내기 때문이라는 것이다.

'正在'는 '正'과 '在'의 특징을 겸하고 있다는 것에는 재론의 여지가 없다. '正在'는 '正'과 '在'를 합친 것이기 때문에 동작은 '正'의 요구뿐만 아니라 '在'의 요구에도 충족되어야 한다는 이중적 특징을 갖는다. '正在'는 동작이 진행되는 '時位'(시위)와 '時段'(시단)을 모두 강조한다. 김은자(2006)에서는 두 어휘가 결합하여 하나의 어법 단위로 쓰였다면 반드시 두 어휘의 고유한 의미특징으로 인해 서로 충돌과 보완의 상호작용으로 새로운 의미를 획득하게 되기 때문에 '正在'는 '正'이 가진 '時位'상은 약화되고, '在'의 '時段' 길이가 짧아진 것으로 보인다고 지적하였다.

위의 견해를 종합해서 본 연구에서는 '正在'는 '正'과 '在'의 특징을 겸하고 동작의 진행의 의미를 가지고 있고 '時点'와 '時段'을 모두 강조하는 것으로 보고자 한다.

④ '着'의 의미적 특성

'在'와 달리 '着'은 내부단계를 가시화해서 나타나는 진행의 의미로부터 확정된 다른 의미를 가지고 있다.

呂叔湘(1984)에서 '着'의 의미적 특성을 '동작이 진행되고 있음을 나타냄'과 '상태의 지속을 나타냄'의 두 측면으로 설명하였다. 陸儉明(1999)은 '着'의 문법의미를 크게 두 가지로 언급하는데, 동작 행위의 지속을 '동태의 지속'이라 했고, 상태의 지속을 '정태의 지속'이라 칭하였다. 최봉랑(2008)에서는 '着'이 나타내는 가장 큰 의미 특성은 지속성이라 할 수 있으며, 크게 '동작의 지속[①]'과 '상태의 지속'으로 나눌 수 있다고 보았다.

房玉淸(1992)에서는 '着'이 부사 '正', '正在', '在'와 함께 사용되는 가의 여부에 따라서 '着₁'과 '着₂'로 나뉜다고 하였다. '正', '正在', '在'와 함께 출현할 수 없는 '着₁'은 동사나 형용사 뒤에 붙어 동작 혹은 상태의 지속을 의미하며, '正', '正在', '在'와 함께 출현할 수 있는 '着₂'은 동사 뒤에 붙어 동작의 진행을 의미한다. 본 논문에서는 房玉淸(1992)의 견해를 받아들여 연구를 전개하고자 한다.

⑤ '了'의 의미적 특성

중국어의 조사 '了'는 동태조사와 어기조사로 구분한다. 일반적으로 동사 뒤에 오는 것을 동태조사라고 하며 '了₁'로 표시하고, 문미에 오는 것을 어기조사라고 하며 '了₂'로 표시하고 있다.

현대 중국어에서 동작상 표지 '了' 즉 '了₁'에 대한 설명은 '완성설(完成說)', '완결설(完結說)', '실현설(實現說)' 세 가지로 정리할 수 있다. '완성설'은 黎錦熙(1924, 2000)에서 비교적 자세히 설명되어 있는데, 이 연

---

① '着'의 의미적 특성에 대해서 설명할 때 '着₁'의미적 특성에 대한 용어 혼란이 있다. '着₁'의 의미적 특성을 '동작의 진행'으로 설명하는 연구자가 呂叔湘(1984), 房玉淸(1992) 등이 있고 '동작의 지속'으로 설명하는 연구자가 陸儉明(1999), 王惠敬(2004), 최봉랑(2008) 등이 있다. 김미성(2016)에서는 '着'에 진행의 의미가 있다고 한 것은 영어의 상 형식이 진행만을 포함하고 지속은 포함하지 않기 때문에 영어의 진행상을 중국어에 적용하였기 때문이라고 지적하였다. 본 연구는 한국어와 중국어 동작상을 비교해야 돼서 양 언어 동작상 체계에서 다 사용되는 용어 '동작의 진행'을 사용하기로 한다.

구는 '了₁'를 '중국어 동사의 perfect'라고 최초로 제시한 연구로, '了'가 나타내는 완성은 과거의 완성뿐만 아니라 현재 완성, 미래 완성 모두 표현할 수 있다고 지적한 연구이다. 王力는 '完成貌'라고 했고 黎锦熙와 같은 견해를 가지고 있다. '완결설'의 대표적인 학자는 戴耀晶로, 戴耀晶(1997)에서 '了'는 항상 완결된 의미를 가지고 있는 문장에서 나타나며, 물론 비완결 의미를 나타내는 문장에서도 실현될 수 있으나 완결상의 하위부류인 '현실 완결상(現實完整體)'으로 간주하였다. 현실 완결상(現實完整體)은 사실은 劉勳寧(1988)의 주장인 '실현설'을 벗어나지 못한다고 할 수 있다. '실현설'은 劉勳寧(1988)이 제시한 것으로, 劉勳寧(1988)은 '了'의 문법적 의미가 '완성'이나 '완결'로 보는 것이 옳지 않고 '실현'이라는 의미를 주로 나타내고, '완성'이라는 의미를 나타내는 것은 우연히 발생하는 것뿐이라고 지적하였다.

金立鑫(2002)은 또한 고전적인 과학실험방법을 사용하여 가장 간단한 형식을 시작으로 차례로 다른 변량을 대입하여 '了₁'에 대한 더욱 진일보한 고찰을 실시했고 '了₁'의 서로 다른 문법적 의미를 얻어냈다. 총체적으로 상표지 '了₁'의 주요 문법의미는 '실현'이고, '실현'은 '종결'과 '연속'에 포함된다. '연속'은 또한 '행위연속'과 '상태연속'에 포함된다. 각종 변화항목의 가입에 근거하여 '了₁'의 문법의미는 미세한 차이가 있다①.

---

① 金立鑫(2002)에서는 동태조사 '了'의 어법의미를 아래와 같이 정리하였다.
弱持续性动词+了+宾语 : 实现-结束
形容词+了+宾语 : 实现-状态持续
非持续性动词+了+宾语 : (1)实现-状态持续 (2)实现-结束(有时段定语)
强持续性动词+了+宾语 : (1)实现-行为延续 (2)实现-结束(有时段定语)

본 연구는 '-고 있-'의 중국어 번역에 영향을 미치는 요소를 통사적과 담화적 두 측면으로 분석하여 통사적으로는 동사분류, 문장 성분, 부정세 측면으로 분석하고자 한다. 대부분 상 표지는 각종 변화항목의 개입으로 인해 문법적 의미가 달라진다. 따라서 본 연구는 '-고 있-'의 중국어 번역양상을 더 심도 있게 분석하기 위해서 金立鑫의 견해를 바탕으로 분석하고자 한다.

1.2. 동작상의 의미기능

김호정(2012)에서는 문장 차원에서 이루어지는 문법 형태 분석 결과는 그 의미 또는 기능을 온전하게 밝혀 주지 못하는 상황들을 야기할 수 있음에 주목하여 이러한 문제점을 해결하기 위해서는 언어 행위의 실현체로서의 의미를 지닌 담화[①]를 적극적으로 활용하는 것이 중요하다고 지적하였다.[②]

담화 공동체의 일원인 텍스트 생산자는 텍스트 유형이 지니고 있는 특성을 이해하고 해당 텍스트의 목적을 달성하기 위해 특정한 문법을

---

① '담화'와 '텍스트'라는 용어는 연구자에 따라 혼용되어 사용되고 있기 때문에 여기에서 용어 사용에 대한 언급이 필요하다.
　박영순(2008:15)에서는 '텍스트'라는 용어는 주로 독일과 영국을 비롯한 유럽에서 쓰고, '담화'는 미국에서 쓰는 경향이 있다고 지적하였다. '담화'와 '텍스트'의 용어는 학자들마다 구별하여 사용하기도 하고, 그렇지 않기도 한다. 즉 '담화'와 '텍스트'를 유사, 상·하위, 상보적 관계로 수용되고 있다. 본 연구에서는 '담화'와 '텍스트'를 구분하지 않는 견해를 받아드려서 연구를 전개하고자 한다. 다만, 이 둘의 구별이 필요한 경우에는 '담화'는 문장 단위 이상의 의사소통을 가리키는 포괄적인 용어로, 텍스트는 여러 문장으로 이루어지는 담화의 결과물로 가리키는 용어로 사용하고자 한다.
② 김호정(2012:385)참조.

선택한다. 다시 말하면, 텍스트 생산자가 사용하는 문법은 특정 텍스트 유형과 관련이 있다. 동일한 문법 형태가 사용되었더라도 어떤 종류의 텍스트에서 사용되었는가에 따라 그 문법 형태가 담당하는 주된 의미기능[1]이나 빈도는 달라질 수 있기 때문이다. 또한 유사한 의미기능을 가지고 있는 문법 형태 중에서 어떤 문법 형태를 선택하느냐 하는 것은 생산자의 의도와 관련이 깊다고 볼 수 있다. 채윤미(2016)에서도 텍스트 속에 반복적으로 나타나는 언어 형태가 텍스트의 생산목적과 직결되며, 텍스트에서 갖는 의미기능적 가치가 높다고 지적하였다[2].

동작상은 일반적으로 사건의 내적 양상에 관한 범주로 여겨진다. 실제로 동작상의 상적 기능은 대부분의 텍스트에서 명확히 드러나고 있다. 그런데 텍스트 유형에 따라 동작상은 단순 상적 양상을 나타내는 것이 아니라 다른 의미기능도 가지고 있다.

본 연구는 텍스트 내의 한국어 동작상 표지 '-고 있-'의 중국어 번역에 대한 연구이다. 주지하다시피 번역 과정에는 원문텍스트에 대한 깊이 있는 이해가 필수적이다. 동작상 표지를 문장 차원뿐만 아니라 담화의 측면도 충분히 이해를 해야 좋은 중국어 번역을 얻을 수 있기 때문이다. 이를 위해 텍스트 유형에 대한 이해가 필수적으로 요구된다. 본 연구를 통해 텍스트와 동작상과의 관계를 설명하기에 앞서 텍스트 유형을 설명하고자 한다. 텍스트 유형에 관한 연구는 크게 두 가지의 관점으로 나눌 수 있다. 하나는 텍스트 구조를 중심으로 한 연구이고 다른

---

[1] 여기에서 의미기능은 언어 형태들이 담화 차원에서 가지는 기능을 말하는 것이다. 학자에 따라 의미기능을 담화적 기능이나 의사소통 기능이라고 지칭하기도 한다.

[2] 채윤미(2016:162)참조.

하나는 텍스트의 기능에 초점을 둔 연구이다. 텍스트 기능에 대한 대표적인 연구로 Brinker(1992)를 들 수 있는데, Brinker(1992)에서는 기초 논의를 발전시켜 화행이론에 논의를 보태어 텍스트 유형을 다음 표와 같이 분류하였다.

<표 6> Brinker(1992) 의 텍스트 분류

텍스트 기능	정의	텍스트 종류
제보기능	텍스트 생산자가 텍스트 수용자에게 지식이나 정보 혹은 의견 전달하는 기능	신문기사 , 뉴스 , 안내문 , 보고서 , 진단 소견서 , 논픽션 , 독자편지 등
호소기능	텍스트 생산자가 텍스트 수용자에게 자기의 의견을 수용 혹은 수행하도록 하는 기능	광고 선전 , 홍보 텍스트 , 사용 지침서 , (신문 , 라디오 , 텔레비전 등의) 논평 , 논증 , 사설 , 추천서 , 지원서 , 신청서 , 청구서 등
책무기능	텍스트 생산자가 행위를 한다는 것을 수용자에게 알리는 기능	계약서 , 합의서 , 보증서 , 서약서 , 합의서 등
접촉기능	개인이나 집단 사이의 관계를 형성하고 유지하는 데 기여하는 기능	축하 편지 , 감사 편지 , 사과문 , 환영사 등
선언기능	텍스트가 생산되기 전에 없었던 새로운 사태나 사실을 만드는 기능	선언문 , 위임장 , 증명서 등

언어 사용의 실제 형태라고 할 수 있는 텍스트는 위의 표와 같이 다섯 가지 기능을 기준으로 나눌 수 있다. 위의 텍스트 유형에서 주제의 시간적 방향 즉, 과거, 현재, 미래 중 어느 방향을 중심으로 이루어지는지를 주목할 필요가 있다. 이에 대해서 박현선(2004)에서는 시간적 방향을 '보

고적 시간방향', '보편적 시간방향', '기대적 시간방향' 세 종류로 나누었다.[①] 각 문장의 시간표현은 이러한 텍스트 전체의 시간방향을 고려해야하며 이 시간방향을 바꾸는 장면에 필자의 의도가 담겨 있다고 지적하였다. 한국어 텍스트 유형과 시간방향에 대해서 제민경(2015)에서는 텍스트의 유형과 그것의 주된 시간방향을 다음 표와 같이 정리하였다.[②]

< 표 7> 텍스트 유형에 따른 텍스트의 시간방향

시간방향	텍스트 종류
과거	보고서, 독후감, 일기, 전기문, 사건 기사문.
현재	연설문, 해설 기사문, 요리법 설명서, 제품 설명서
미래	초대장, 기상통고문, 계획서

위의 표를 통해서 텍스트와 시간방향의 관계를 파악할 수 있다. 관련된 텍스트가 어떤 시간방향으로 실현되고 있는지를 파악할 수 있고 만약에 다른 방향으로 가고 있다면 바로 그 지점에 필자의 의도가 담겨있다는 것을 알 수 있다.

김봉순(1999)에서는 신문텍스트는 객관적 전달을 주요 기능으로 갖지만 사실에 대한 필자의 주관적 견해 또한 강하게 담겨 있는 텍스트유형이라고 지적하였다.[①] 신문텍스트에 담겨 있는 필자의 주관성은 독

---

① 박현선(2006)에서는 '보고', '보편화', '기대'를 다음과 같이 정리하였다.
　보고: 생산자가 수용자에게 어떤 경험한, 이미 지난 일 또는 발화당시에 지속되고 있는 사태에 대해 전달하고자 하는 것.
　기대: 아직 실현되지 않은 일에 대한 예견(계획, 예시, 예언)
　보편화: 생산자가 발화 당시 지속되고 있는 어떤 사태의 특정한 시간구속을 해체하여 전달하려는 의도, 진리, 법문, 규칙, 속담.
② 제민경(2015:245)참조.

자에게 객관성으로 포장된 주관성으로 필자의 주관적인 견해를 벗겨내고 사실을 객관적으로 분석할 수 있어야 하는 텍스트이다. 즉 필자가 지녔을 모종의 의도를 해석해내야 하는 텍스트이며, 해석의 기저에는 언어적 과정인 문법이 존재한다.

박현선(2004)과 제민경(2015)의 견해를 통해서 신문텍스트의 시간방향은 이중 '보고적 시간방향'에 가깝고 주로 과거시제와 현재시제가 사용된다는 것을 알 수 있다. 그런데 문숙영(2008)에서는 신문텍스트에서 '-고 있-'이 압도적으로 많이 나타났다고 지적하였다. 이처럼 시간방향이 불일치하게 사용된 경우에 해당텍스트에 필자의 의도가 담겨 있음을 짐작할 수 있다.

'-고 있-'이 텍스트 유형에 따라 어떤 의미기능을 가지고 있는지에 대한 논의가 여러 연구를 통해 진행되어 왔는데, 김은정(2009)에서는 '-고 있-'이 비문학 텍스트에서 시간 표시 기능 외에도 특정한 의미기능을 하고 있음을 밝혔다. 이 논문에서는 기사 텍스트는 정확하고 사실적인 보도가 목적인만큼 비교적 사실적이고 객관적인 표현, 필자의 주관을 배제한 표현을 많이 사용하고 기사 텍스트를 통한 사실적 전달을 위하여 다른 텍스트에 비하여 '-고 있-'이 많이 선택되었다고 지적하였다[2]. 그의 견해를 종합하면 신문텍스트의 '-고 있-'은 객관화의 기능을 가지고 있음을 알 수 있다.

이슬비(2015)에서는 학술텍스트에서 '-고 있-'의 의미기능을 분석하여 학술논문 맥락에서 '-고 있-'의 의미기능이 담화의 도입, 과거와 단순

---

① 김봉순(1999:58)참조.
② 김은정(2009:67)참조.

현재의 전이 표지, 양태성 표지 등으로 다양하게 드러나고 '-고 있-'의 기능은 문장 문법에 속한 것이라기보다는 담화 및 텍스트 맥락에 따른 것이라고 지적하였다.

앞서 서술한 바와 같이 신문텍스트에서 동작상 표지 '-고 있-'이 어떤 의미기능을 가지고 있는지에 대한 연구는 많지 않다. 이와 달리 텍스트 유형에 따른 시제의 의미기능에 대한 연구는 비교적 많이 진행되어 온 편이다. 따라서 본 연구는 시제의 의미기능을 바탕으로 '-고 있-'의 의미 기능을 설정하고자 한다. 또한, 문숙영(2007)에서 지적한 것과 같이 동 작상 표지 '-고 있-'은 현재시제와 긴밀한 관계를 가지고 있기 때문에 본 연구는 신문텍스트에서 '-고 있-'의 의미기능을 설정할 때 현재시제의 의미기능도 같이 참조하기로 한다.

김민영(2012)에서는 텍스트 유형별 시제가 가지고 있는 의미기능을 연구하였는데 이 연구에서 현재시제는 동시 상황제보 기능, 일반화 기 능, 사실화 기능, 현장감 증대 기능 네 가지로 설정하였다.[①]

현재시제와 동작상 표지 '-고 있-'은 긴밀한 관계를 가지고 있는데 문 숙영(2007)에서는 '-고 있-'과 현재시제의 의미기능 차이를 분석하였다. 현재시제가 지시하는 상황은 본질적으로 비완결 상황이며 따라서 현 재시제가 현재 진행, 현재 습관, 총칭 상황 등 다양한 상 의미를 표현하 기도 하지만 '-고 있-'은 습관이나 총칭과 같은 의미를 표현할 수 없다

---

① 김민영(2012)에서는 현재시제의 의미기능을 다음과 같이 설명하였다.
동시 제보 기능: 필자는 발화시 동시 상황을 전달하고자 할 때 또는 그러한 효과를 내고자 할 때 현재시제를 선택하여 이야기한다. 청자는 텍스트 기능을 함께 고려하여 동시간대 상황으로 파악하게 된다.
일반화 기능: 필자는 어떤 사실이 시간을 초월하여 실재함 또는 항시적이

고 지적하였다. 문숙영(2007)의 견해에 따르면 '-고 있-'은 습관이나 총칭의 의미를 표현할 수 없기 때문에 현재시제가 지닌 일반화 기능을 지닐 수 없고 동시 제보 기능과 현장감 증대 기능을 지니고 있다. 최동욱(2014)의 견해 역시 이를 뒷받침하는데, 최동욱(2014)에서는 신문텍스트와 시간표현의 관계를 분석하여 '-고 있-'이 현장감 증대 기능, 동시 상황 제보 기능을 가지고 있다고 지적하였다.

이진호(2012)에서는 신문텍스트에 사용된 '-고 있-'은 신문텍스트 자체가 정보 제공 텍스트라는 점에서 기본적으로 제보의 의도를 가지고 있지만 구체적으로 '-고 있-'의 의미기능을 객관화, 호소, 강조, 묘사 네 가지로 세분화할 수 있다고 지적하였다.

따라서 본 연구에서는 위의 견해들을 종합해서 신문텍스트에서 동작상 표지 '-고 있-'의 의미기능을 객관화 기능, 현장감 증대 기능[1], 호소 기능으로 설정하며 연구를 전개하고자 한다.[2]

거나 전형적인 것임을 이야기하고자 할 때 현재시제를 사용하여 이야기한다. 이 때 명재의 사건은 특정 시간에 구속되지 않으므로 언제나 유효하다.

사실화 기능: 필자가 발화시 기준으로 아직 일어나지 않은 일에 대해서 확신을 가지고 사실인 것처럼 말하고자 할 때 현재시제를 사용하여 이야기한다.

현장감 증대 기능: 필자는 자신이 말하고자 하는 바를 생생하게 전달하기 위하여 현재시제를 선택하여 이야기하는 경우가 있다. 청자는 필자와 같은 시공산에 있는 것과 같은 현장감을 느낄 수 있다.

[1] 김민영(2012)에서는 묘사에 현재시제가 자주 쓰여 생생한 느낌을 전달하는 것은 분명한데 예문분석을 통해서 과거시제로도 묘사되는 경우가 있는 것을 발견하기 때문에 현재시제 고유의 기능으로 설정하기에는 무리가 있다고 지적하였다. 따라서 본 연구는 이 견해를 받아드리고 묘사기능을 현장감 증대 기능으로 설정하여 연구를 전개하고자 한다.

[2] 현장감 증대, 호소, 객관화 기능이 기본적으로 강조의 기능을 갖는다고 할 수 있기 때문에 본 연구에서는 강조 기능을 따로 설정하지 않는다.

2

동작류의 하위부류

　　일반적으로 '상'이라고 하면 통사적 구성의 결합으로 나타나는 동작상을 의미하는 것이다. 본 연구에서도 한국어 동작상 표지의 중국어 번역을 연구하는 데에 목적을 두었지만 동작상 표지의 상적특성은 동작류와 긴밀한 관계를 가지고 있기 때문에 동작류와 동작상 모두를 살펴보는 것으로 하겠다. 상의 실현은 동작류와 동작상의 상호작용으로 이루어진다. 동작상표지 '-고 있-'은 동사와 결합하여 여러 가지 '상'을 나타낸다.

　(1)

　가. 철수는 물을 <u>마시고 있다</u>. (진행상)

　나. 철수는 눈을 <u>감고 있다</u>. (지속상)

　다. 철수는 신발을 <u>신고 있다</u>. (진행상, 지속상)

　위의 예1) 가, 나, 다에서 똑같이 동작상 표지 '-고 있-'을 사용했는데 앞에 결합한 동사의 내적 시간구성에 차이가 있기 때문에 동작상도 다르게 나타났다. '마시다'는 행위동사, '감다'는 달성동사, '신다'는 완수동사이다. 위의 세 동사는 내재한 상적 특성이 다르기 때문에 '-고 있-'이 다른 상을 드러낸다. 다시 말하면 동작상은 동작류와 긴밀한 관계를 가지고 있다. 동작류가 달라지면 동작상을 중국어 번역양상도 달라질 수 있기 때문에 한국어 동작상 표지의 중국어번역을 연구할 때 동작류는 중요한 역할을 가지고 있다.

동사의 어휘 의미에 내재되어 있는 상적 속성은 시간 부사어와의 공기 제약으로 나타난다. 이러한 동사의 상적 속성을 '동작류'라고 한다. 동작상은 동사의 동적인 것으로 나타내는 이동과정이 장면 내부에 어떻게 펼쳐지는가를 보이는 것이므로 동사와 밀접한 관계를 가진다[1]. 동사가 내포하는 상황은 [그림1]처럼 예비단계, 시작점, 내부단계, 종결점, 결과단계로 구성된다.

[그림 1] 동사의 내부시간 도식[2]

시작점 (I) 종결점 (F)
(………) • ……… • (………)
예비단계 내부단계 결과단계

위의 도식에서 시작점, 내부단계, 종결점은 동사를 분류하는 기준으로 동사가 시작점, 내부단계, 종결점 중의 무엇을 내부 시간 구조로 가지느냐에 따라 동사분류가 달라진다.

Vendler(1967)는 최초로 동작류를 일반적인 동작상 개념과 독립적으로 논의하였다. Vendler는 동사에 내재한 시간적 자질을 동사분류의 기

---

[1] 박덕유(2007, P125)참조.
[2] 정의철· 쭈즈훼이(2013: 324)참조.

준으로 삼아서, 진행형의 유무, 시간부사어 'for', 'in', 'at'과의 공기여부, 논리적 함의 관계에 따라 동사를 '상태', '행위', '완수', '달성'의 네 부류로 분류하였다[①]. 먼저 진행형을 취하는 분류와 취하지 못하는 분류로 나눴다. 진행형과 결합할 수 있는 분류는 다시 내적 시간 구성에 '종결점 (terminal point)'이 포함되는 여부에 따라 하위 구분된다. 종결점을 포함하는 동사는 완수동사이며 그렇지 않는 동사는 행위동사이다. 한편으로 진행형과 결합할 수 없는 동사도 양분될 수 있는데 시간적으로 단지 한 순간에 발생하는 동사는 달성동사이며 시간적으로 짧거나 긴 기간동안 지속되는 동사는 상태동사이다. Vendler(1967)의 동사부류는 다음에 제시한 것과 같다.

<표 8> Vendler(1967) 의 동사부류

동사	+ 과정성 (process)	+ 완성성 (telicity)	완수동사 (accomplishment)	build a house, draw a circle 등
		- 완성성 (telicity)	행위동사 (activity)	run, walk, swim 등
	- 과정성 (process)	+ 순간성 (punctual)	달성동사 (achievement)	recognize, realize 등
		- 순간성 (punctual)	상태동사 (states)	love, hate, know 등

---

① 동사의 분류에서 상태동사는 다른 학자들도 거의 동일한 용어를 사용하지만 그 외의 동사들은 학자마다 다른 용어를 사용하여 혼돈을 주는 경우가 있다. 예를 들면 'activity'는 '과정, 행위, 동작,'등으로 사용되고, 'accomplishment'는 '달성, 완수, 완결, 결속' 등 용어로 사용되고, 'achievement'는 '획득, 달성' 등 용어로 사용된다. 본 연구에서는 혼란을 피하기 위해서 관련된 용어를 '상태동사(state)', '행위동사(activity)', '달성동사(achievement)', '완수동사(accomplishment)'로 설정하였다.

그 이후 Smith(1997)은 개별 동사에서 벗어나 동사구를 중심으로 '상황유형'①을 세웠다. 그는 상황유형과 '관점상'이라는 두 가지 성분이 독립적으로 작용하여 문장의 상적 의미를 합성한다고 보았다. Smith(1991, 1997)에서는 기본 동작류를 '상태동사', '행위동사', '달성동사', '완수동사', '순간동사' 다섯 가지로 분류하였다. 동사의 부류를 구별하는 기준으로 [정태(static)/동태(dynamic)], [완성(telic)/비완성(atelic)], [지속(durative)/순간(instantaneous)] 이러한 세 가지의 상적 의미자질을 제시하였다.

[동태성]은 시작점을 포함하고 어떤 행위나 동작이 발생하여 일정한 변화가 일어나는 동태를 나타낸다. [정태성]은 상황의 전개인 행위나 과정이 없으며 시작점이나 종결점도 없이 시간 흐름에 따라 아무런 변화도 없어 처음과 끝이 동일한 상태를 나타낸다. 일반적으로 동사가 [동태성]을 가지고 있는지를 한국어에서는 '-고$_1$ 있-'과의 결합여부에 의해 판단한다. 중국어의 경우는 '在'와 결합할 수 있는지에 의해 판단할 수 있다.

[지속성]은 '지속적인 상황'과 '순간적인 상황'을 양분하는 기준이다. [+지속성]은 시작점을 포함하고 상황의 내부단계를 가지며, 적어도 이 단계가 일정 기간 동안 지속됨을 나타낸다. 이것과 달리 [순간성]은 시작점과 종결점이 거의 동시에 발생하여 상황의 내부적 단계가 포함되지 않음을 나타내며, 일련의 순간적 사건의 반복으로 생기는 다중적인 사건은 나타내지 않는다. 일반적으로 [지속성]을 기지

---

① 고영근·구본관(2008:410)에서 '상황유형이란 동사를 동사 밖의 논항과 관련시키는 동작류의 동작인 의미 범주를 가리킨다'고 서술하고 있다.

고 있는지 [순간성]을 가지고 있는지는 한국어에서는 'T(time)동안' 부사와의 결합여부에 의해 판단할 수 있다. 중국어의 경우는 'T小时' 부사어와의 결합 여부에 의해 판단할 수 있다.

[완성성]은 어떤 행위나 상황이 자연적인 종결점에 도달하고 그와 동시에 움직이는 과정이 완성됨으로써 변화가 일어나는 것을 나타낸다. [비완성성]은 하나의 상황 유형이 자연적인 종결점①을 가지지 않거나 자의적인 종결점②을 가지는 것을 의미한다③. [완성성]을 가지고 있는지 한국어에서는 문장 내에 'T 만에'가 행위가 끝나는 시점을 나타낼 수 있는지에 의해 [완성성]의 유무를 판단될 수 있다. 중국어의 경우는 'T小时内'가 나타날 수 있는지에 의해 [완성성]의 유무를 판단될 수 있다.

Smith(1997)의 동사부류는 다음과 정리할 수 있다.

< 표 9> Smith(1997) 의 동사부류④

동작류	동태성 (dynamic)	지속성 (durative)	완성성 (telic)	예
상태동사 (states)	−	+	−	own the farm, be tall 등

---

① 자연적인 종결점이란 상황 자체에 본질적으로 포함되어 있으며 인위적인 간섭을 받지 않는 종결점을 가리킨다.
② 자의적인 종결점이란 어떤 상황이 필연적으로 종결됨을 나타내는 것이 아니라 필자의 의지에 따라 어떤 시간에도 동작을 멈출 수 있고 언제라도 동작을 다시 이어갈 수 있음을 나타낸다.
③ Smith(1991:19)참조.
④ Vendler(1967)의 동작류 자질인 [processes], [telicity], [punctual]과 Smith(1997)의 동작류 자질인 [dynamic], [durative], [telic]은 학자에 따라 번역이 달라서 본 연구에는 원문의 용어를 같이 제시하였다.

행위동사 (activity)	+	+	−	laugh, enjoy 등
완수동사 (accomplishment)	+	+	+	build a bridge, walk to school 등
순간동사 (semelfactive)	+	−	−	knock at the door, hiccup 등
달성동사 (achievement)	+	−	+	reach the top, recognize 등

한국어와 중국어의 동작류 연구는 Vendler(1967)와 Smith(1997)에서 큰 영향을 받고 많은 연구는 두 연구의 틀을 근거로 연구를 진행하는 것이다. 본 연구는 Smith(1997)의 분류 틀을 받아 연구를 전개한다.

동작류의 분류를 살펴보기 전에 동작류의 분석 단위를 살펴봐야 한다. 동작류 분류의 분석단위는 최소 논항을 가진 동사구로 한다. 분석 단위를 동사로 한정할 경우에 어휘의 의미를 구별하는 기본적 논항이 포함되지 않기 때문에 다의어의 상적 속성을 밝히기 어렵다. 그리고 문장 안에 있는 모든 요소들을 포함시켜 동작류를 분류한다면 동사 고유의 상적 속성을 파악하는 데 오히려 어려움이 따른다.

(2)

가: 날씨가 차다.

가₁ : 공을 차다.

나: 신발에 물이 묻다.

나₁ : 뒷마당에 죽은 강아지를 묻다.

다: (형이 자전거를) 밀다.

다₁ : (형이 자전거를 대문까지) 밀다.

위의 예문에서 '가'의 '날씨가 차다'는 상태동사이고 '가₁'의 '공을 차다'는 순간동사에 속한다. '나'의 '묻다'는 달성동사가 되는 반면에 '나₁'의 '묻다'는 완수동사에 해당된다. '다'의 '밀다'는 최종점이 없는 행위동사이다. '다₁'는 '문까지'라는 부사어로 최종점을 주어 완수동사가 되었다. 이러한 점을 고려할 때 동작류 분류의 기본 단위는 동사로 하지만 어휘 의미를 구별하는 기본적 논항은 포함될 수밖에 없다. 따라서 본 연구에서 동작류 분류의 기본 단위를 동사로 하는 것은 논항을 전혀 고려하지 않는다는 것이 아니고 그 동사의 어휘 의미 속에 포함되는 논항은 배제하지 않고 최소한의 논항[1]으로 동사를 분류한다.

2.1. 상태동사

상태동사가 지시하는 장면은 내부시간을 가지지 않아 시작점이나 종결점이 없으며 어떤 전개의 사건인 행위나 과정도 없다. 이호승 (1997), 홍윤기(2002)에서는 상태동사는 발생하는 것이 아니라 안정된 것이므로 변화와 무관하다고 보았다. 박덕유(2007)에서는 상태동사는 시간의 흐름에 따른 변화를 보이지 않으므로 장면의 처음과 끝 모두가 같다고 하였다[2]. 따라서 상태동사는 상태의 지속을 위한 특별한 에너

---

[1] Smith(1997)에서는 '주어+자동사', '주어+타동사+목적어'라는 '최대 단순 문장'을 설정할 때 동사의 논항을 수량적으로 한정된 것으로 가정하였다. 하지만 이설(2014)에서는 Smith의 동사의 의미자질을 설정하는 방법을 한국어나 중국어에 적용할 때 논항의 한정성, 수량 정보도 기재된다는 것은 타당하지 않다고 지적하였다. 본 연구는 이설(2014)의 견해를 받아들이기로 한다. 그리고 용어의 혼란을 피하기 위해서 본 연구에서는 설정한 단위는 최소한 논항을 가진 동사구를 연구단위로 설정하였는데 구나 문장차원에서 연구하는 연구자가 사용한 동사구의 범위와 다르기 때문에 본 논문에서는 동사라는 용어를 사용한다.

[2] 박덕유(2007:133)참조.

지가 필요하지 않고 시간에 따라 변화하거나 발전하지도 않아 내부단계가 동일하다. 이 부류의 동사는 [-동태성, -완성성, +지속성]의 상적 자질로 어휘부에서 전통 문법에서의 형용사와 대략 일치한다.

일반적으로 한국어에서 상태동사는 '상태용언', 중국어에서 상태동사는 '상태술어'란 이름으로 동사와 형용사를 모두 포함한다. 고창수·김원경(2010)에서는 한국어에서 동사와 형용사는 모두 동사류에 속하는 품사들로 한국어의 동사와 형용사는 사실상 기능이 거의 유사하기 때문에 이를 동사로 통칭하기로 한다고 지적하였다[1]. 扬华(1994)에서는 중국어 품사의 분류상 '겸류사(兼类词)[2]'라는 것이 존재하기 때문에 경계에 있는 어휘들은 동사로 분류하는 연구자도 있고 형용사로 분류하는 연구자도 존재하지만 심리형용사를 심리동사에 포함된 범주로 본다고 지적하였다.

상태동사는 의미적인 기준으로 다음과 같이 분류할 수 있다.

< 표 10> 상태동사의 예

가 : 높다 (高), 붉다 (红), 길다 (长), 크다 (大), 깨끗하다 (干净)
나 : 아프다 (痛), 쑤시다 (刺痛), 싫다 (讨厌), 좋다 (喜欢), 낯익다 (面熟)
다 : 이다 (是), 있다 (有), 있다 (在), 없다 (没有)

(가)의 상태동사들은 어떤 대상의 외형적 형상이나 고유한 형상이나 고유한 속성 등 변화와 무관한 항구적인 성질을 나타낸다. (나)의 상태

---

[1] 고창수·김원경(2010:46-47)참조.
[2] 겸류사(兼类词)는 중국어에서 두 가지 이상의 품사를 기능하는 단어들의 부류이다. 겸류사는 하나의 단어가 형태표지나 형태 변화 없이 문장 안에서 어휘의 배열에 따라 명사가 되기도 하고 동사나 형용사도 된다.

동사들은 감각이나 주관적 심리상태를 나타낸다. 양자의 차이는 첫째, 주어 논항의 의미역에서 찾을 수 있다. (가)의 주어는 소유주인 반면에 (나)의 주어는 경험주이다. 둘째, (나)는 '아파하다', '좋아하다'처럼 '-어하다'와 결합할 수 있는데 후자는 그렇지 못한다는 것이다. 셋째, (나)는 '지금'과 같은 시간어와 결합할 수 있는데 (가)는 그렇지 못한다는 것이다.

　(나)의 단어들은 대상논항에 따라 감각 상태동사와 심리 상태동사로 세분한다. 감각 상태동사와 심리 상태동사의 공통점은 경험주가 주어 논항으로 오고, 심리상태동사는 심리상태를 유발하는 원인논항을 취한다는 점이다[1].

　(다)는 계사로 독자적으로는 의미가 없으나 명령형이나 청유형 어미를 취하지 못한다는 점이나 '-다'와 '-는-'과 같은 의미를 취한다는 점에서 형용사에 가깝다. 이남순(1981)과 박덕유(1997)에서는 형용사의 의미 속에는 기본적으로 '있다'가 나타내려고 하는 '존재성'과 '진행 상태성'이 함의되어 있기 때문에 '있다, 없다'를 상태동사에 포함하였다. '-이다'를 상태동사에 포함한 경우는 이남순(1981), 이호승(1997), 홍윤기(2002) 등에서 볼 수 있다.

　여기에서는 '알다(明白)', '믿다(相信), 이해하다(理解)등 인식동사를 주의해야 한다. 인식동사는 사물을 분별하고 판단하여 바르게 알고 이해하는 의식의 작용으로 정서, 기억, 상상, 추리를 포함하는 지적 작용 동사를 말한다[2]. 인식동사의 분류는 중국과 한국이 차이가 있

---

① 　김건희(2011:16)참조.
② 　박덕규(2007:140)참조.

고 학자마다의 견해 차이도 있다. 인식동사는 중국어에서는 대부분 상태동사로 취급하지만 한국어는 상태동사나 달성동사로 분류한다[①]. Vendler(1967)와 Smith(1997)에서는 상황이 한 상태에서 다른 상태로 변하는 '과정의 변화'가 발생하여 [+동태성] 자질을 지니게 되기 때문에 'recognize'를 모두 달성동사로 분류한다. 따라서 본 연구는 인식동사를 한국어의 달성동사로 포함시키고 중국어에서는 상태동사로 분류한다.

2.2. 순간동사

순간동사는 [+동태성], [-지속성], [-완성성]을 가지고 순간적으로 발생하는 동사이다. 순간은 '단일 사건'이 순식간에 발생하는 것을 의미한다. 따라서 순간 동사는 아주 짧은 시간에 순간적으로 일어나는 사태로 시작과 동시에 끝나므로 시작점과 종결점이 동시에 나타나는 상황이다. 그러므로 순간동사는 내부 시간구조를 가질 수 없어 예비단계의 과정이나 결과단계도 없고 상태의 변화도 내포하지 않는다.

순간동사의 가장 큰 특징인 [+순간성]은 한국어와 중국어 모두 동일한 성격을 가지고 있기 때문에 한국어와 중국어의 순간동사 분류는 별다른 차이가 없다. 다만 '죽다(死)'의 경우 한국어에서는 달성동사로 보는 반면 중국어에서는 순간동사에 포함될 때도 있다. 본 논문에서는 죽음이 이르는 과정을 달성동사의 예비단계로 보고 달성동사에 포함시키기로 한다.

---

① 이익환(1994)에서 '알다, 생각하다'는 [-행위], [-과정], [-변천]의 자질에 의해 상태동사로 파악했다. 이승희(2016), 조민정(2007)에서는 '알다, 믿다'를 [+동태성], [-지속성], [+완성성]의 자질에 의해 달성동사로 분류한다.

<표 11> 순간동사의 예

가 : 번쩍이다 (闪烁), 출렁이다 (荡漾), 깜박이다 (眨), 움찔하다 (抽搐)
나 : 때리다 (击打), 꼬집다 (掐), 쏘다 (射), 두드리다 (敲), 던지다 (扔), 폭발하다 (爆炸)

(가)는 사물이나 자연현상의 자연 발생적인 움직임을 나타낸다. 이들이 [+지속성]의 사건 상황을 나타내기 위해서는 '-거리-', '-이-' 등과 같은 접미사가 쓰인 '출렁거리다, 번쩍거리다, 깜빡거리다'와 같은 동사나 동사 어근이 반복된 '번쩍번쩍하다, 깜빡깜빡하다'와 같은 동사가 쓰여야 한다[①]. (나)는 아주 짧은 시간에 발생하는 순간적 동사이다. 이런 순간동사들은 주어나 목적어가 단수로 한정된 경우에는 [-지속성]의 사건 상황을 지시하는 것들인데, 주어나 목적어가 복수로 한정되면 [+지속성]의 사건 상황을 나타낼 수 있다.

2.3. 달성동사

달성동사는 [+동태성], [-지속성]. [+완성성]의 의미자질을 가지고 있으며 순간에 발생하는 사건으로 발생 후 상황이 변화된 사건을 기술한다. 달성동사가 [-지속성]의 의미자질을 가지고 있기 때문에 시작점과 종결점이 겹쳐서 일정한 폭의 내부단계를 가지지 못한다. 순간 발생의 사건이라는 점은 순간동사와 같으나 종결 후 완결된 상황이 지속된다는 점이 다르다.

---

① 이호승, (1997 : 94) 참조.

달성동사는 한국어와 중국어의 어휘목록에 큰 차이가 있다. 한국어에서 인식동사류인 '알다(知道)', 이해하다(了解), 믿다(相信), 인식하다(认为)' 등의 동사들이 달성동사에 포함되어 있는데 중국어는 이들을 상태동사에 포함된다.

<표 12> 달성동사의 예

가 : (정보가) 드러나다 (透漏), (전기가) 끊기다 (断), 죽다 (死亡), 태어나다 (出生), 얻다 (得到), 다치다 (受伤), (지갑을) 잃다 (丢失) 나 : 생각하다 (思考), 짐작하다 (打量), 잊다 (忘记), 가정하다 (假设), 기억하다 (记忆), 알다 (知道), 이해하다 (了解), 믿다 (相信), 인식하다 (认为) 다 : 도착하다 (到达), 착륙하다 (着陆), 이륙하다 (起飞), 멈추다 (停)

(가)는 사건이 순간적으로 발생하고 상황이 변화된 자질을 가지는 달성동사 구문이다. 이들은 최종점에 이르는 과정이 순간적이지만 상태의 계속을 나타낸다. (나)는 인식과 관련 동사로 앞서 언급했듯이 본 연구에서는 이들 동사를 한국어에서는 달성동사로, 중국어에서는 상태동사로 분류하고자 한다. (다)는 예비단계를 가지고 있는 달성동사이다. 박덕유(2007)에서는 예비단계를 가지고 있는 동사를 이행동사[1]로 설정하였다. 이들 동사들은 한국어 연구에서 순간동사로 분류되는 경우도 있다. 그런데 '도착하다, 멈추다'와 같은 동사는 최종점에 도달하는 예비단계가 있긴 하지만 결과가 순간적으로 이루어지고 결과 상태

---

[1] 박덕유(2007:128)에서는 순간동사를 [접근성]에 의해 [-접근성]은 순간동사로, [+접근성]은 이행동사로 분리한 것이다. [+접근성]은 하나의 상태나 상황에서 다른 상태나 상황에 접근해 가는 것으로 진행의 이행과정은 있으나 완료는 없다. [-접근성]은 이행과정은 없고 완료만 있다고 지적하였다.

가 안정적이라는 특징을 가지고 있다. 앞서 언급했듯이 달성동사는 순간적으로 발생되는 사건이라는 점은 순간동사와 같으나 종결 후 완결된 상황이 지속된다는 점이 다르다. 따라서 본 연구에서는 예비단계를 가지고 있는 동사들을 달성동사로 분류한다.

2.4. 행위동사

행위동사는 [+동태성], [+지속성], [-완성성]의 특성을 가지고 있다. 행위동사는 움직임이 있는 동작으로 시작되어 끝날 때까지 시간의 폭을 가진 동사이다. 움직임이 있는 동작이므로 이 동작을 행하는 행위자가 있으며, 이 행위자가 움직임을 끝내고자 할 때 언제라도 중단할 수 있다. 그러므로 행위동사의 최종점은 동사가 지시한 상황에 본질적으로 내재되어 있는 것이 아니라 임의적이다.

< 표 13> 행위동사의 예

가: 읽다(念), 그리다(画), 산책하다(散步), 뛰다(跳), 달리다(跑), 놀다(玩), 걷다(走), 운동하다(运动) 나: 마시다(喝), 먹다(吃) 다: 앉다(坐), 눕다(躺), 서다(站)

(나)동사는 한국어 학계에서 연구자에 따라 분류가 다르다. '먹다' 같은 동사는 먹는 행위가 진행됨에 따라 밥의 양이 줄어들고 배가 불러오는 변화가 있기 때문에 균질성의 조건에 맞지 않는다고 하여 '먹다'와 같은 동사를 완수동사로 분류하는 연구도 있다. 그러나 본 연구는 균질성의 조건은 동작의 완결 후 결과에 대한 의미가 아니고 각 단계의 동작이 동질하다는 의미이므로 '먹다' 동사는 행위동사로 분류한다.

　(다)동사는 자세동사에 해당하다. '앉다' 같은 동사는 대부분의 한국어에서 행위동사에 포함시키나 중국어는 '앉다'처럼 자세를 나타내는 동사는 상태동사로 분류하기도 한다. 龙千炎(1991), 胡裕树(1995)에서는 坐(앉다), 站(서다), 躺(눕다) 등을 상태동사로 분류하였다.

　본 연구는 이런 자세동사를 행위동사로 분류하였다. 행위동사의 가장 큰 특징은 [-완성성]에 있다. [-완성성]은 고유의 내재적 종결점이 없어서 시작점 이후의 어떤 상황에서도 임의로 중단할 수 있다. 자연적으로 가지고 있는 종결점이 아닌 임의적으로 중지된 종결점이므로 이로 인한 가장 큰 논점은 완료 후 상태의 지속과 동작의 진행을 구별하기 어렵다는 점이다[1]. 대부분 행위동사의 자질로 [+동태성], [+지속성], [-완성성]을 제시하는데 이는 한국어와 중국어에서 모두 동일하다.

　종결점을 상정할 수 없는 행위동사는 '-어 있-', '着₂'와 결합제약이 있다. 그러나 일부 자세동사인 '앉다(坐), 서다(站), 눕다(躺)'은 동작 종결 후 상태의 지속을 나타낼 수 있어 결합제약이 해소된다.

2.5. 완수동사

　완수동사는 [+동태성], [+지속성], [+완성성]의 의미자질을 가지고 있다. 달성동사가 시간적 범위를 갖지 않는 것과 달리 완수동사는 시간적 구간을 가지고 있다. 완수동사는 사건이나 사태가 지속되고 진행되는 내부단계를 가지고 있으며 자연적인 종결점을 지니는 동사이다. 내부단계는 종결점으로 나아가는 과정 중에 해당하므로 각 과정이 서로 다른 이질적인 단계들의 연속으로 이루어져 있다. 사태가 종결점에 도달

―――――――――――――――――――――――――――――

[1]　이승희(2016:203)참조.

한 이후에 상태의 변화가 나타난다. 완수동사는 [+동태성], [+지속성], [+완성성]의 조합으로 이루어져 있으며 한국어와 중국어가 비슷한 목록을 가지고 있다.

<표 14> 완수동사의 예

가: (모자를) 쓰다 (戴), (옷을) 입다 (穿), (양말을) 신다 (穿), (문을) 열다 (开), (신발을) 벗다 (脱), 만들다 , (집을) 짓다 (建造)   나: 변하다 (变), (옷이) 마르다 (干), (얼음이) 녹다 (融化), 확장하다 (扩张), (과일이) 익다 (成熟), (해가) 뜨다 (升起)

　(나)에 제시된 동사는 하나의 상황에서 다른 상태나 상황으로 변화되는 것을 의미하는 동사이다. 박덕유(2007)에서는 완수동사를 동작주가 유정물인지 무정물인지에 따라 완수동사와 변화동사로 나눴다. 동작주가 무정물이면서 하나의 상태나 상황에서 다른 상태나 상황으로 변화되는 동사는 변화동사라고 칭하고 완수동사에서 독립시켰다. 홍윤기(2002)에서는 자연적 끝점과 최종점 그리고 내부단계의 시·공간적 확장과 도달점에서의 상태변화를 가지고 있어서 변화동사를 완수동사에 포함시킨다. 본 연구에서는 홍윤기의 관점을 받아서 변화동사를 완수동사에 포함시킨다.

　지금까지 한국어와 중국어에서 동작상과 관련된 동작류를 다루었다. 앞 논의에서 이미 살펴보았듯이 한국어와 중국어의 동사부류는 상태동사, 순간동사, 달성동사, 완수동사, 행위동사 다섯 가지로 나눌 수 있다. 한국어와 중국어 동작류의 통사적 특성은 대체적으로 비슷하지만 상태동사 분류에서 볼 수 있듯이 언어의 개별성으로 인해 한국어와 중국어의 어휘가 언제나 일대일로 대응되는 것은 아니다. 따라서 두 언어의 각 동사 부류가 동작상 표지와 결합할 때 차이가 있으리라고 예상할 수 있다. 본 연구에서는 이런 차이점을 중심으로 '-고 있-'의 중국어 번역에 미치는 영향을 제시하고자 한다.

....
3
....

번역의 과정과 기준

　번역은 '어느 언어로 표현된 텍스트를 의미가 동일한 다른 문자 언어로 옮기는 작업'이다[1]. 번역은 등가의 의미를 지향하면서 출발어의 구체적인 표현을 도착어의 구체적인 표현으로 바꾸는 것을 의미한다. 이런 개념으로부터 우리는 번역의 일반적인 과정을 '이해와 재현 과정'으로 분류할 수 있다. 이러한 번역의 과정을 이석규 외(2002)에서는 다음과 같은 그림으로 제시하였다.

[그림 2] 번역의 과정

```
( 텍스트의 생산자 ) - 원문 텍스트 - 독자    번역 텍스트 - 독자
     ( 출발어 )              ( 도착어 )
         \               /
         이해          재현
           \          /
             번역자
```

---

[1]　이석규 외(2002:16)참조.

번역의 일차적 과정으로 나타나게 되는 것은 번역자의 이해이다. 언어 체계가 의미론, 통사론, 구문론, 가치론적 층위에서 완전히 일치할 수 없기 때문에 번역자는 해석[1]이라는 과정을 통해 원문 텍스트를 이해해야 한다. 원문 텍스트의 이해에서 번역자의 언어 지식은 출발어와 도착어에 대한 지식이라 볼 수 있는 데, 텍스트의 이해와 재현에 필수적인 구성요소이다.

원문텍스트의 언어에 대한 이해 과정은 곧바로 의미 도출 과정으로 이어진다. 이런 과정의 전환이 흔히 순차적인 것으로 보이지만 원문텍스트 언어들의 이해에서 의미의 도출로 이어지는 과정은 순차적으로 이루어진다기보다는 즉각적으로 포착된 작은 의미 단위들이 저자나 번역자의 머릿속에서 한 덩어리를 이룬다고 보는 것이 적절하다. 이 의미 도출 과정에서 가장 핵심적인 개념은 '의미 단위'(unit of meaning)인데 최정화(1998)에서는 다음과 같이 설명하고 있다.

> 우리말에서 '뜻'과 '의미'는 동의어로 쓰인다. 그런데 나는 해석학적 이론의 관점에서 편의상 '뜻'과 '의미'를 구분하여 사용하였다. 여기서 '뜻'은 문맥과 상황이 배제된 상태의 언어적 차원의 '잠재적 뜻'을 의미하는 것이다. 반면, '의미'는 텍스트의 저자가 말하

---

[1] 번역의 해석이론은 1957년 Paris 3대학 산하에 설치된 통「번역학교 출신의 학자들인 D. Seleskovitch, J. Delisle, M. Lederer, M. Pergnier, M. Garcia-landa 등을 중심으로 하여 전개되는 이론이다. 해석학적 관점에서 보면 번역 과정은 원문텍스트의 '말해진것(텍스트의 표층구조)'에 대한 분석과 해석을 통하여 '의미된 것(전달의 내용)'을 원어의 언어기호에서 분리시킨 후 역어에 상응하는 형태로 재 언어화하는 과정이다. (주옥파 2007:19)참조.

고자 하는 바를 뜻하는 '문맥 속의 의미', '텍스트 차원의 의미', '변
별적인 뜻으로 구성된 의미'로 구분하여 사용하였다.[1]

다시 말하면, 의미는 언어 차원에 존재하는 것이 아니라 텍스트 차원
에 존재한다. 이런 순간적으로 포착된 의미 단위들이 수없이 교차하고
어우러지는 가운데 의미를 재구성하게 된다.

번역자는 이해과정과 의미도출 과정을 거쳐 이를 도착어 독자에게
전달하는 것이 마지막 단계에 해당하는데, 이것이 바로 원문텍스트 의
미의 재현이다. 번역 과정의 마지막 단계인 재현과정은 이전의 이해와
의미도출과정과 긴밀한 관계를 가지고 있으며 원문텍스트에 대한 이해
의 정도가 재현의 품질에 영향을 미칠 수 있다. 다시 말하면 원문텍스트
에 대한 이해가 충분히 되지 않으면 번역자는 원문텍스트의 구속에서
벗어나기 어렵고 자연스러운 도착어로 재현할 수 없다.

정리하자면, 번역의 과정은 원문텍스트 이해과정, 의미도출 과정, 도
착어로 재현하는 과정으로 나눌 수 있다. 이런 번역과정 중에서 어떤 문
제를 주의해야 좋은 번역을 실현할 수 있는지를 살펴보도록 하자. 이석
규(2002)에서는 잘못된 번역이 발생하는 원인을 원문텍스트 파악의 오
류, 출발어와 도착어 구조의 차이에 대한 이해의 부족, 도착어 자체의
잘못된 사용, 문화적 차이를 이해의 부족 네 측면으로 나눠서 제시하였
다. 이 네 가지 원인은 명확하게 구분된다기보다 어느 정도 서로 맞물려
서 작용한다고 보는 것이 옳다. 그런데 중요한 것은 원문텍스트 파악의
오류는 출발어에 대한 번역자의 지식 부족에서 기인하지만 출발어와

---

[1] 최정화(1998:108)참조.

도착어 구조의 차이에 대한 이해의 부족과 도착어 자체의 잘못된 사용 두 측면은 도착어에 대한 능력과 이해 부족 때문이라는 점이다.

번역자는 재현과정에서 출발어와 도착어의 차이로 인해 생기는 언어 적 제약을 극복하여 도착어의 모든 묘미와 가능성을 제대로 살려야 한 다. 이를 위해 출발어 고유의 문법적 특성이나 단어 배열의 순서를 의미 의 재현 과정에서 도착어의 틀로 녹여야 한다. 여기에는 다양한 번역의 기준이 필요하다. 르드레르(M.Leaderer, 1994)는 다음과 같은 번역기준을 제시하였다.

< 표 15> 르드레르 (M.Leaderer, 1994) 의 번역 기준

가 : 번역은 원문이 비언어적 현실에 대해 주고 있는 정보를 전달해야 한다 .
나 : 번역은 원문의 문체를 살려야 한다 .
다 : 번역은 원문의 장르를 고려해 이루어져야 한다 .
라 : 번역은 독자가 이해할 수 있도록 독자의 지식에 맞춰져야 한다 .
마 : 마지막으로 번역문의 표현을 통해 원문이 주는 언어미학적 효과와 동일한 효 과가 나야 한다 .

본 연구는 신문텍스트 중에 '-고 있-'의 중국어 번역에 대한 연구에 목 적을 두고 있다. 르드레르(M.Leaderer, 1994)는 번역 기준 (나)와 기준 (다) 를 통해 원문텍스트의 문체와 장르를 고려해야 한다고 하였다. 따라서 한국어 '-고 있-'의 중국어 재현을 위해서는 '-고 있-'과 중국어 동작상 표 지의 통사적인 특성뿐만 아니라 '-고 있-'이 신문텍스트에서 가지는 의 미기능 또한 잘 알아야 한다. 따라서 본 연구에서는 한국어 동작상 표지 '-고 있-'의 중국어 번역양상에 영향을 미치는 요소를 통사와 담화 두 측 면으로 나누어 살펴보기로 한다.

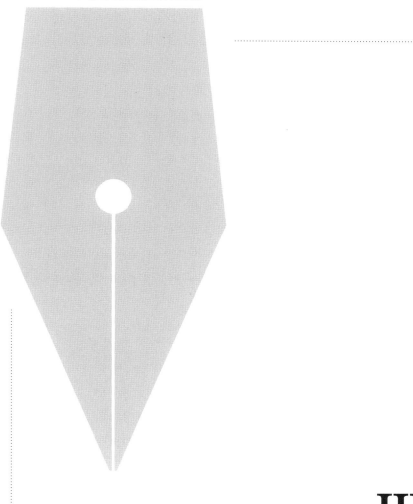

III

통사적 요소와 '-고 있-'
의 중국어 번역

....

1

....

통사적 요소

Kenny(1963)와 Vendler(1967)는 동사의 어휘적 의미에 의해 상적인 특성이 결정된다고 주장하였다. 한편 Verkuyl(1972,1989)과 Dowty(1972, 1979)는 영어 문장에서 드러나는 상적인 특성은 단순히 동사의 어휘적 의미에 의해서 결정되지 않는다고 주장한 바 있다(조민정, 2007 재인용). 조민정(2007)에서는 동사부류뿐만 아니라 논항, 양화, 부정, 동사의 의미변화까지도 동사의 상적 특성에 영향을 미칠 수 있다고 지적하였다. 이들에 의하면 오히려 상적 특성은 문장을 구성하는 다양한 통사적인 요소에 의해서 결정된다는 것이다. 동작상 표지 '-고 있-'은 '진행'과 '지속'의 의미를 모두 가지고 있다. '-고 있-'은 앞에 오는 단어에 따라 그 상적 의미가 달라지고 이에 따라 중국어의 번역양상도 달라진다. 본 연구는 신문텍스트에서 한국어 동작상 표지 '-고 있-'이 어떤 동작상 표지로 번역되는지를 살펴보고 이런 번역양상이 나타나는 이유를 밝히는 데에 목적을 두고 있기 때문에 보다 상세하게 상적 특성에 영향을 미치는 요인을 논의한 조민정(2007)의 견해에 따라 동사분류, 문장 성분, 부정의 세 측면에서 분석을 전개하고

자 한다.[1]

1.1. 동사부류

최근 상에 대한 연구는 크게 동작상과 동작류 두 주제에서 이루어지고 있는데, 이 두 범주는 서로 긴밀하게 연관되어 있다. 동작상의 역할을 결정하는 가장 기본적인 토대를 바로 동사의 어휘상이라 할 수 있다. 따라서 동작류를 배제한 문장의 상에 대한 연구는 거의 불가능하다[2]. 본 연구는 신문텍스트의 한국어 동작상 '-고 있-'이 어떤 중국어 동작상 표지로 번역되는지와 그 이유를 밝히는 데에 목적을 두고 있는데 이를 밝히려면 먼저 '-고 있-'이 문장에서 어떤 역할을 하고 있는지를 판단해야 한다. 어법 형식으로서의 동작상 표지는 단독으로 문장에서 어떤 역할을 할 수 없고 반드시 술어에 부가된다. 술어로서 동사는 시간상으로 여러 가지 상황에 쓰일 수 있기 때문에 동작상 표지와 긴밀하게 결합할 수 있다. 다시 말하면 동작상 표지 '-고 있-'의 역할을 결정하는 가장 기본적인 토대가 되는 것이 바로 동사의 어휘상이라 할 수 있다. 이러한 이유로 동사의 분류는 큰 의미를 가지고 있다. 따라서 본 절에서는 먼저 한국어 동작상 표지 '-고 있-', 중국어 동작상 표지 '在', '正', '正在', '着', '了'는 동사부류와 어떤 결합제약을 가지고 있는지를 살펴보고 이런 결합제약이 '-고 있-'의 중국어 번역양상에 영향을 미치는지를 분석하고자 한다. 다음으로는 달성동사, 행위동사, 완수동사, 순간동사

---

[1] 조민정(2007)에서는 논항과 양화를 따로 나누어서 논의를 하였는데, 본 연구에서는 두 부분이 겹치는 내용이 많다고 판단하여 논항과 양화를 한 측면으로 종합하기로 한다.

[2] 김윤신(2006:33)참조.

네 측면으로 분석을 전개하고자 한다.①

1.1.1. 달성동사와 동작상 표지의 결합양상

달성동사는 시작점이 있고 상황의 시작과 종결이 동시에 나타나서 상황의 내부 시간 구조 및 내부단계가 없는 사건을 나타내며, 결과로 인한 상태의 변화가 초래되는 순간적 사건을 나타낸다. 따라서 달성동사는 [+동태성], [-지속성], [+완성성]의 의미 자질을 가지고 있다. 한국어의 달성동사는 [-지속성]의 자질을 가지고 있기 때문에 동사의 내부단계를 가시화하여 동작의 진행을 표현하는 진행상과 결합제약을 가진다. 달성동사는 [-지속성]의 자질을 지니고 있기 때문에 동작의 진행을 표현하는 진행상 '-고₁ 있-'과 결합할 수 없는 반면에 종결점 도달 이후 결과단계가 존재하기 때문에 상태의 지속을 나타내는 지속상 '-고₂ 있-'과 결합할 수 있다. 여기에서 주의해야 할 것은 예비단계를 취하는 이행동사는 일반 달성동사와 달리 진행상 '-고₁ 있-'과 결합할 수 있고 지속상 '-고₂ 있-'과 결합할 수 없다는 것이다②.

---

① 상태동사는 [-동태성]의 의미자질이 없기 때문에 '-고 있-'과 결합할 수 없다. 실제 텍스트 분석에서도 그렇게 나왔다. 따라서 본 연구에서는 상태동사를 따로 논의하지 않기로 한다.

② 조민정(2007:178)에서는 '-고 있-'이 '도착하다, 착륙하다'와 같은 몇몇의 달성동사와 결합하여 '예비적 과정이 진행된다는' 의미를 갖는 것으로 본다. '-고 있-'의 '예비적 과정이 진행된다는' 의미는 '-고 있-'의 고유한 의미가 아니라 동사와 결합해서 갖는 의미라고 지적하였다.

(3)

가: 농업은 경제발전에서 중요한 위치를 <u>차지하고 있다</u>.

　농业在经济发展中占据着重要的地位。

나: 나는 그 사실을 <u>믿고 있다</u>.

　我相信那个事实。

다: 열차가 <u>도착하고 있다</u>.

　* 火车在到达。

예문 (가)의 '차지하다'는 일반적인 달성동사에 해당하여 '-고 있-'과 결합해서 결과단계를 가시화시키고 상태의 지속을 나타낸다. 예문 (나)는 인식동사로서 '-고 있-'과 같이 결합해서 상태의 지속을 나타낸다. 예문 (다)의 '도착하다'는 예비단계를 지니는 이행동사이고 '-고 있-'과 결합해서 예비단계를 가시화시키고 동작의 진행을 나타낸다.

예문의 중국어 번역문을 보면 달성동사와 결합한 '-고 있-'은 예문 (가)에서는 '着'으로 번역되고 예문 (나)와 예문 (다)에서는 중국어 동작상 표지가 사용되지 않은 것을 알 수 있다. 선행연구에 따르면 '-고 있-'과 대응되는 중국어 동작상 표지는 '在', '正', '正在', '着', '了' 등인데, 여기에 기대어서는 예문과 같은 달성동사와 '-고 있-' 결합문장의 중국어 번역을 설명할 수 없다.

본고에서도 이런 현상에 대한 문제 인식을 바탕으로 '-고 있-'의 중국어 번역에 영향을 미칠 수 있는 요소를 밝히는 데에 목적을 두고 있다. 본 절에서는 통사적인 측면에서 동사부류가 '-고 있-'의 중국어 번역에 영향을 미칠 수 있는지를 분석할 것이다. 다음에는 중국어 동작상 표지 '在', '正', '正在', '着', '了'와 달성동사의 결합양상을 살펴보고자 한다.

① ' 在 '

'在'는 중국어의 전형적인 진행상 표지로서 [+동태성]과 [+지속성]의 자질을 지니는 동사들과 결합하여 '동작이 진행되고 있음'을 드러낸다. 진행상 표지로서 '在'는 상황의 내부단계를 가시화시키는 역할을 담당하고 있으며, 이에 따라 순간적으로 발생하여 [-지속성]의 자질을 지니는 달성동사는 '在'가 가시화할 수 있는 내부단계가 존재하지 않기에 서로 공기할 수 없다.

여기서 한 가지 주목할 만한 것은 '도착하다'와 '멈추다' 같은 이행동사이다. 한국어의 경우 '-고₁ 있-'은 이행동사의 예비단계를 가시화하여 동작의 진행을 나타낼 수 있다. 이와 달리 정의철·쭈즈훼이(2013)에서는 중국어 진행상 표지는 이행동사의 예비단계를 가시화시켜서 진행의 의미를 나타낼 수 없다고 지적하였다.[1] 따라서 중국어에서 이행동사는 '진행'의 상적 의미를 나타내는 상 표지와 함께 쓰일 수 없다.

'在'는 대부분의 달성동사와는 결합할 수 없고, 일부 인식동사와 결합할 수 있다. 인식동사는 한국어에서 달성동사에 속하는 반면, 중국어에는 상태동사의 범주에 속한다. 일반적으로 '在'는 [-동태성]의 자질을 지니는 상태동사와 결합할 수 없다. 그 이유에 대해서는 '在'에 의해 드러나는 '동태성'이 [-동태성]의 자질을 지니는 '상태문(狀態文)'과는 어울리지 않기 때문이라는 견해가 일반적이다. 그런데 일부 인식동사는 다른

---

[1] 정의철 · 쭈즈훼이(2013:241)참조.

상태동사와 달리 '在'와 결합할 수 있다.[①]

(4)

가: *火车在到达。

열차가 도착하고 있다.

나: *他在相信我。

그는 나를 믿고 있다.

---

① 본문에서 인식동사는 진행상 표지 '在'와 결합할 수 없다고 서술하였는데, 중국어에는 진행상 표지 '在'와 결합이 가능한 예외적인 인식동사도 존재한다.

가: 对于这件事他还在犹豫。
이 일에 대해 그 사람이 아직도 망설이고 있다.

나: 你还在恨我吗？
넌 아직도 나를 원망하고 있어?

예문 (나), (다)와 같이 인식동사 '犹豫', '恨'은 '在'와 같이 사용해도 비문이 아니다. 이러한 현상에 대해 학자들의 견해가 분분한데, 한경숙(2015)에서는 '犹豫'(망설이다), '恨'(원망하다)과 같은 인식동사의 주체가 처해 있는 상태는 그 시작과 끝이 분명하고 과정도 있기에 離散性(동작이나 행위를 내부적으로 구분하여 쪼갤 수 있는 것을 가리킨다)이 있고 그리고 이런 상태가 어느 시간만큼은 지속되고 있기 때문에 '在'와 결합할 때 동태의 지속을 나타낸다고 하였다. Yang(1995)에서는 예문 (나)의 경우 필자가 청자에게 일시적인 기분에 대해 묻고 있는 경우로 이는 곧 '의미의 변화가 이루어진 상태문'으로 간주되기 때문에 어느 정도 동태적인 의미를 내포한다고 지적하였다.

하지만 앞서 서술한 것과 같이 중국어에서 인식동사는 상태동사에 속하기 때문에 [-동태성]의 의미자질을 지니고 있어서 진행상 표지 '在'와 결합할 수 없다고 보는 것이 일반적이다. 그리고 '在'와 결합 가능한 인식동사의 수가 적다. 따라서 본 연구에서는 달성동사와 '在'의 결합양상 설정 시 인식동사는 중국어 동작상 표지 '在'와 결합할 수 없다는 견해를 가지고 논지를 전개하고자 한다.

예문 (가)의 '到'는 예비단계를 가지고 있는 이행동사로 '在'와 같이 결합할 수 없다. 예문 (나)를 보면 인식동사 '相信'은 '在'와 같이 사용해면 비문이 된다. 앞서 서술한 것과 같이 중국어에서 인식동사는 상태동사에 속하기 때문에 [-동태성]의 의미자질을 지니고 있어서 진행상 표지 '在'와 결합할 수 없다.

② ' 正 '

'正'의 진행상 표지로서 동작의 진행을 나타낸다. 달성동사는 시작점과 종결점이 겹쳐서 내부단계가 존재하지 않기 때문에 근본적으로 진행의 의미를 나타낼 수가 없다.

'正'은 인식동사와 결합할 수 없다는 제약을 갖는다. 중국어에서는 인식동사를 상태동사의 범주로 분류하고 있기 때문에 인식동사는 [-동태성]의 자질을 지닌다. 따라서 진행상 표지, '正'은 인식동사와 결합할 수 없다.

(5)

가: *他正丢失钱包。

　*그는 지갑을 잃고 있다.

나: *我正相信他。

　나는 그 사람을 믿고 있다.

다: *地铁正停止。

　지하철이 멈추고 있다.

예문 (가)에서 '丢失'는 순간적으로 실현되는 동작이기 때문에 내부
단계가 존재하지 않아서 '正'과 결합할 수 없다. 예문 (나)의 '相信'은 상
태동사로 [-동태성]의 자질을 지니고 있어서 동작의 진행을 나타내는
진행상 표지 '正'과 결합할 수 없다. 예문 (다)의 경우, 한국어 동사 '멈추
다'는 예비단계를 지니는 이행동사인데 앞서 서술한 바와 같이 진행상
표지 '正'은 예비단계를 가시화할 수 없기 때문에 이행동사와 결합할 수
없다.

③ ' 正在 '

'正在'는 '在'와 같이 [+지속성]의 자질을 지니는 동사와 결합한다. 달
성동사는 [-지속성]의 자질을 가지고 동작이 순간적으로 종결점에 도달
한다. 따라서 달성동사는 '正在'와 결합제약을 가지고 있다.

(6)

가: *哲秀正在受伤。

　*철수가 다치고 있다.

나: *我正在忘记那件事。

　*나는 그 일을 잊고 있다.

다: *那个人正在死。

　그 사람이 죽고 있다.

예문의 '受伤'은 달성동사, '忘记'는 인식동사, '死'는 이행동사에 해당하는데 '正在'와 결합하면 비문이 된다. 앞서 서술한 것처럼 '正在'는 동사의 내부단계를 가시화하여 동작의 진행을 나타내는 진행상 표지로서 [-동태성]이나 [-지속성]의 자질을 지니기 때문에 내부단계를 가지지 못한 달성동사와 결합할 수 없기 때문이다.

④ ' 着 '

중국어 동작상 표지 '着'은 지속의 의미를 나타내는 '着₁'과 진행의 의미를 나타내는 '着₂'으로 나눌 수 있다. '着₁'은 동사의 결과단계를 가시화하여 상태의 지속을 나타낸다. '着₂'은 동사의 내부단계를 가시화하여 진행의 의미를 나타낸다. 조민정(2001)에서 지적한 것과 같이 달성동사는 내부단계를 가지지 못하기 때문에 '-고 있-'과 결합할 때 진행의 의미를 나타내지 못한다. '-고 있-'과 마찬가지로 달성동사와 결합할 때 '着₂'도 진행의 의미를 나타낼 수 없다. '着₂'는 [+지속성]의 자질을 지니는 동사들과 공기할 수 있다. 달성동사의 시작점과 종결점이 하나가 되기 때문에 내부단계가 결핍되어 [-지속성]의 자질을 지니고 있다. 따라서 달성동사는 '着₂'과 결합할 수 없다.

달성동사는 동작의 진행을 나타내는 '着₂'과 결합할 수 없지만 상태의 지속을 나타내는 '着₁'과는 결합할 수 있다. 달성동사는 내부단계를 가지지 못하지만 결과단계를 지니고 있다. '着₁'과 결합하여 결과단계를 가시화하고 결과 상태의 지속을 나타낸다.

(7)

가: 哲洙闭着眼睛。

철수가 눈을 감고 있다.

나: 他还担任着校长的职位。

그 사람은 학교 총장도 맡고 있다.

예문 중의 '闭眼', '担任'은 '着₁'과 결합해서 결과 상태가 지속되어 있음을 나타낸다. 예문 (가)는 '눈을 감는' 동작이 순간적으로 실현되고 이 상태가 지속되는 모양을 나타낸다. 예문 (나) 역시 특정 직위를 '맡는' 행위가 순간적으로 끝나고 이 직위를 맡고 있는 상태가 지속되고 있음을 나타낸다.

여기에서 주의해야 할 것은 본 연구에서 달성동사로 분류한 이행동사와 인식동사이다. 인식동사와 이행동사는 '着₁'과 결합할 때 결합제약을 받는다. 인식동사는 중국어에서 상태동사의 범주에 속해 있기 때문에 [-동태성]의 자질을 지니고 있다. 이승희(2016)에서는 중국어에서 인식동사는 동작성이 약하기 때문에 동작 종결 후의 결과 상태 지속이라기보다는 상태성을 갖는 것으로 볼 수 있다고 지적하였다[1]. 따라서 인식동사는 '着₁'과 결합할 수 없다.

(8)

가: *我知道着这件事情。

나는 그 일을 알고 있다.

나: *朋友理解着我。

　　친구가 나를 이해하고 있다.

　예문과 같이 '知道', '理解'는 '着₁'과 결합해서 사용하면 비문이 된다. 예문 (가)에서 '일을 아는' 상태를 표현하고자 할 경우 동사 '知道'만 쓰는 것이 더 자연스럽고 예문 (나)의 '나를 이해하는' 상태를 표현하기 위해서도 동사 '理解'만 쓰는 것이 올바른 문장이다.

　이행동사는 '着₁'과 결합하면 비문이 된다. 이론적으로 이행동사는 결과단계를 가지고 있기 때문에 상태의 지속을 나타내는 '着₁'과 결합할 수 있어야 하지만 중국어에서는 '着₁' 대신에 완료상 표지 '了'를 이행동사와 결합하여 결과상태의 지속을 나타낸다. 金立鑫(2002)에서는 중국어 완료상 표지 '了'는 달성동사와 결합할 때 '實現-狀態延續'(실현-상태연속)의 의미를 나타낼 수 있다고 지적하였다. 또 이승희(2016)에서는 '到', '停', '死'와 같은 달성동사는 결과가 순간적으로 이루어지고 결과 상태가 안정적인 특징을 가지고 있기 때문에 결과 상태 지속을 강조하는 '着₁'을 사용하기 보다는 동작의 종결을 강조하는 '了'를 사용해야 한다고 지적하였다. 언급한 '到', '停', '死'는 이행과정을 지니는 이행동사에 해당한다. 따라서 본 연구는 이행동사가 '着₁'과 결합할 수 없다는 이승희(2016)의 견해를 받아들이기로 한다.

　(9)

가: *火车到着

　　열차가 도착해 있다.

나: *雪停着

   눈이 그쳐 있다.

예문 중 '到', '停'은 동작이 하나의 상태에서 다른 상태로 접근하는 예비단계를 지니는 이행동사이다. 상태의 지속을 나타내는 '着₁'과 결합하면 비문이 된다. '着₁' 대신에 '了'를 사용하면 더 자연스럽다.

⑤ ' 了 '

달성동사는 [+완성성]의 자질을 가지고 있으므로 동작이 끝난 후에 결과상태가 유지되고 동작이 '실현된 상황'을 표현할 수 있다. 이 때 '了'와 결합하여 그 동작의 실현성을 표현한다. 앞에서 서술한 것과 같이 金立鑫(2002)에서는 동사분류에 따라 '了'의 의미적 특성을 연구하였다. 그는 '了'가 非持續動詞(비지속성동사)와 결합할 때 '實現-狀態延續'(실현-상태연속)의 의미를 가지고 있다고 주장하였다. 즉 비지속성동사와 결합할 때 '了'는 동작이 실현되고 대상의 상태가 변화되고 변화된 상태가 지속되고 있는 의미적 특성을 나타낸다. 여기에서의 비지속성동사는 한국어의 순간동사와 달성동사에 해당하다. 따라서 '了'는 달성동사와 결합할 때 '實現-狀態延續'(실현-상태연속)의 의미를 표현한다.

앞서 서술한 것과 같이 한국어에서 인식동사는 달성동사로 분류되는데 중국어에서는 상태동사로 분류된다. 金立鑫(2002)에서는 '了'가 상태동사와 결합할 때 '實現-狀態延續'(실현-상태연속)의 의미를 나타낸다고 지적하였다.

(10)

가: 钱包丢了。

　지갑을 잃어버렸다.

나: 火车到了。

　열차가 도착했다.

다: 后来我知道了真相。

　나중에 나는 진실을 알았다.

라: 我相信了那个人。

　나는 그 사람을 믿었다.

　'丢', '到'는 [-지속성]과 [+완성성]의 자질을 가지고 있기 때문에 '了'와 결합해서 '지갑을 잃는' 동작이 실현되고 '지갑이 없는'것으로 변화된 상태가 지속되고 있음을 나타낸다. 예문 중의 '知道', '相信' 같은 인식동사는 상태동사로서 '了'와 결합해서 동작이 실현되며 '진실을 아는', '그 사람을 믿는' 상태가 지속됨을 나타낸다.

　지금까지 달성동사가 한국어 동작상 표지 '-고 있-', 중국어 동작상 표지 '在', '正', '正在', '着', '了'와 어떤 결합제약을 가지고 있는지를 살펴보았다. 이를 정리해 보면 다음 표<16>과 같다.

<표 16> 달성동사와 한국어·중국어 동작상 표지의 결합양상

달성동사		한국어 동작상 표지		중국어 동작상 표지					
		-고₁ 있-	-고₂ 있-	正	在	正在	着₁	着₂	了
일반적인 달성동사	차지하다 (占据)	X	○	X	X	X	○	X	○
	묻다 (沾)	X	○	X	X	X	○	X	○
인식동사[①]	알다 (知道)	X	○	X	X	X	X	X	○
	이해하다 (理解)	X	○	X	○	X	X	X	○
이행동사	도착하다 (到达)	○	X	X	X	X	X	X	○
	그치다 (停止)	○	X	X	X	X	X	X	○

---

① 인식동사 중에서 소망을 나타내는 '바라다', '희망하다'와 같은 동사는 정중하게 요청할 때 진행상 표지 '-고₁ 있-'과의 결합이 가능하다.
예문:
가: 저의 집을 방문해주시기를 바라고 있습니다. (-고₁ 있-')
나: 저는 그 회사에서 일하기를 희망하고 있습니다. (-고₁ 있-')

1.1.2. 행위동사와 동작상 표지의 결합양상

행위동사는 움직임이 있는 동작으로 어떤 동작의 시작됨으로부터 끝날 때까지의 시간 폭을 갖는 동사이다. 행위동사는 한국어와 중국어에서 모두 동일하게 [+동태성], [+지속성], [-완성성]의 자질을 지니고 있다.

행위동사는 [+동태성], [+지속성], [-완성성]을 가진 동사이다. 동작 발달 단계에서 진행은 중간단계에서의 동태 상황의 내부단계만 가시화하므로 [-완성성] 자질은 진행상의 의미에 아무런 영향을 주지 못한다. 행위동사의 [+지속성] 자질은 진행의 의미 또한 포함하고 있으므로 진행상의 '-고$_1$ 있-'과도 잘 어울린다. 행위동사는 [-완성성]의 자질을 지니고 있기 때문에 상태의 지속을 표현하는 동작상 표지 '-고$_2$ 있-'과 결합할 수 없다.

(11)

가: 영석은 <u>운동하고 있다</u>.

　　英硕<u>正/在/正在</u>运动。(运动<u>着</u>)

나: 철수는 <u>앉고 있다</u>.

　　*哲沫<u>正在</u>坐。

예문에서 '운동하다', '앉다'는 행위동사로서 [+동태성], [+지속성]의 자질을 지니기 때문에 진행상 표지 '-고$_1$ 있-'과 결합해서 동사의 내부단계를 가시화하고 동작의 진행을 나타낸다. 예문 (가)에서는 '운동하다'가 '-고 있-'과 결합해서 운동하는 동작이 진행 중에 있음을 나타낸다. 예문 (나)에서는 '앉다'는 '고 있-'과 결합해서 동작이 진행되고 있는 것을 나타낼 수 있다.

위의 예문 (가)의 '-고 있-'은 중국어로 '正在'로 번역되고 있다. 예문 (가)의 경우에서 다른 중국어 동작상 표지로도 번역할 수 있다. 예를 들면 '在', '正', '着₂'을 사용하여 '在运动', '正运动', '运动着'으로 번역해도 비문이 아니다. 그런데 예문 (나)에서는 '正在'로 번역하면 비문이 된다.

중국어에서 행위동사와 결합할 수 있는 동작상 표지로는 '在', '正', '正在', '着₂', '了'가 있고 '着₁'은 행위동사와 결합할 수 없다. 다음에서는 구체적으로 중국어 동작상 표지 '在', '正', '正在', '着₂', '了'와 행위동사와 어떤 결합양상을 가지고 있는지를 살펴보고자 한다.

① '在'

행위동사는 어떤 행위를 시작하자마자 바로 끝내는 것이 아니라 동작이 시작하여 과정을 거쳐야만 끝나게 되는 동사들을 포함한다. 행위동사는 [+동태성]과 [+지속성]의 자질을 지니고 있기 때문에 '在'와 결합할 수 있다.

(12)

가: 学生在上课。

　학생이 수업을 듣고 있다.

나: 朋友在看电影。

　친구가 영화를 보고 있다.

예문의 '上课(수업을 듣다)', '看电影(영화를 보다)'는 행위동사에 해당하고 [+동태성]과 [+지속성]의 의미자질을 가지고 있기 때문에 내부단계를 지니고 있으며, 진행상 표지 '在'와 결합하여 내부단계를 가시화한 동작의 진행을 나타낸다.

반면 자세를 나타내는 동사와 '在'는 결합할 수 없다. 진려하·김정남(2013)에서는 자세동사는 중국어에서 진행상 표지 '在'와 결합할 수 없고 '着₁'과 결합해서 상태를 나타낸다고 지적하였다. 이들 동사가 가리키는 동작은 단 시간 내에 종결되어 어떤 상황에 처할 수 있는 시간이 극히 짧아 '時段'의 의미 특성을 가지고 있기 때문에 동작의 과정을 강조하는 '在'와 결합할 수 없다.

(13)

가: *哲秀<u>在</u>坐。
　　 철수는 앉고 있다.

나: *朋友<u>在</u>躺。
　　 친구는 눕고 있다.

위의 예문 중의 '坐', '躺'이 진행상 표지인 '在'와 결합하면 비문이 된다. 자세동사는 '在'와 결합제약이 보인다.

② '正'
행위동사는 [+동태성], [+지속성]의 자질을 지니고 있다. 이론

적으로 '正'의 진행의 의미만 고려하면 [+지속성]의 자질을 지니는 행위동사와 결합해서 내부단계를 가시화하여 동작의 진행을 나타낸다. 그런데 '正'은 자세동사와 결합제약을 가지고 있다. 진려하·김정남(2013)에서는 자세동사의 진행 동작의 장면을 '正+V+방향보어'구성으로 나타낼 수 있다고 지적하였다.[①] 자세동사는 상태성이 강하고 동태성이 비교적 약하기 때문에 '起来', '下去', '下来' 등과 같은 방향보어와 결합해야 동작이 진행 중에 있음을 나타낼 수 있다. '正'은 이런 방향보어가 없이는 자세동사와 결합하여 동작의 진행을 나타낼 수 없다. 따라서 '正'은 자세동사와 결합제약을 가진다.

(14)

가: 老师正运动呢。

　　선생님이 운동하고 있다.

나: 正看信呢, 高书记来了。

　　편지를 보고 있는데 고서기가 왔다.

다: *他正躺。

　　그 사람이 눕고 있다.

(가)와 (나)의 '运动', '看'은 [+지속성], [-완성성]의 자질을 지니

---

① 　진려하 · 김정남(2013:213)참조.

고 있는 행위동사로서 진행상 표지 '正'과 결합하여 동작이 진행 중에 있음을 나타낸다. 이와 달리 (다)의 '正'은 자세동사 '躺'과 결합하면 비문이 된다.

③ '正在'

'正在'는 진행상 표지로서 [+지속성]의 자질을 지니는 동사와 결합해야 한다. 행위동사는 내부단계를 가지고 있기 때문에 [+지속성]의 자질을 지니고 있다. 행위동사는 '正在'와 결합해서 동작의 진행을 나타낸다. 자세동사의 경우, '正在'는 '正'과 같은 결합제약을 가지고 있다. 방향보어가 없으면 따로 자세동사와 결합할 수 없다.

(15)

가: 哲洙<u>正在</u>学习。

　　철수는 공부하고 있다.

나: *朋友<u>正在</u>躺。

　　친구는 눕고 있다.

예문 (가)에서 '学习'는 [+지속성], [+동태성]의 자질을 지니는 행위동사로서 '正在'와 결합해서 내부단계를 가시화하여 동작의 진행을 나타낸다. 예문 (나)는 자세동사가 '正在'와 결합하는 경우이다. 다른 부가어의 도움이 없으면 비문이 되지만 방향보어 '起来', '下去' 등과 함께 사용하면 진행의 과정을 표현할 수 있는 시간성을 확보하게 되기 때문에 진행상을 나타낼 수 있다.

④ '着'

'着'은 기본적으로 사건 과정의 연속성을 나타낸다. '着'은 문장이 나타내는 사건이 연속적으로 이어지며 끊어지지 않는 과정 중에 있음을 나타낸다[①]. 따라서 [+동태성], [+지속성]의 자질을 지니는 행위동사는 '着$_2$'과 결합해서 동작이 진행 중임을 나타낸다.

(16)

가: 为了比赛, 他努力准备<u>着</u>。

　　경기를 위해서 열심히 준비하고 있다.

나: 爸爸在客厅看<u>着</u>电视。

　　아버지는 거실에서 텔레비전을 보고 있다.

위의 예문 중에 '准备(준비하다)', '看电视(텔레비전을 보다)'는 내부단계를 가지고 있는 동사로서 [+동태성]과 [+지속성]의 자질을 지니고 있다. '着$_2$'과 결합해서 '준비하는 행위'와 '텔레비전을 보는 행위'가 진행 중임을 나타낸다.

행위동사는 종결점을 가지지 않기 때문에 [-완성성]의 자질을 지니고 있기 때문에 이론적으로 상태의 지속을 나타내는 '-着$_1$-'과 결합할 수 없다. 하지만 자세동사는 일반적인 행위동사와 달리 [+동

태성] 뿐만 아니라 [+상태성]도 가지고 있다. 朱德熙(1982)에서는 '着'은 동사 '坐', '站', '躺', '捧', '举' 등의 자세를 나타내는 동사와 결합하여 동작의 진행을 나타내는 것이 아니고 정지된 상태를 나타낸다고 했다. 따라서 자세동사는 '着₂'과 결합할 수 없지만 '着₁'과 결합해서 동작이 끝난 후 결과 상태가 지속됨을 나타낸다.

(17)

가: 熙哲坐<u>着</u>。

　희철은 앉아 있다.

나: 他站<u>着</u>。

　그는 서 있다.

예문의 '坐', '站'은 자세동사로서 '着'과 결합할 때 동작의 진행을 나타내는 것이 아니라 '앉아 있는 상태'와 '서 있는 상태'를 나타낸다.

⑤ '了'

행위동사는 [+지속성]과 [-완성성]의 자질을 가지고 있어 자연적 종결점이 없다. 행위동사가 지시하는 상황은 시작한 후의 어느 시점에서든 임의적으로 종결시키면 하나의 완료된 동작이 될 수 있다. [+지속성]과 [+동태성]을 가진 행위동사는 '了'와 결합하게 되는 순간 그 동작이 바로 종결되는 것이다. 金立鑫(2002)에서는 동사부류에 따라 '了'와 결합할 때 '了'가 나타내는 동작상의 특징에 차이가 있다고 지적하였다. 그는 강지속성동사가 '了'와 결합해서 '實現−行爲延續'(실현−행위연속), 즉 동작이 실현되고 동작이 계속 지속되고 있다는 의미적 특성을 나타낸다고 주장하였다. 중국어의 강지속동사는 한국어의 행위동사에 해당하기 때문에 행위동사가 '了'와 결합해서 '實現−行爲延續'(실현−행위연속)의 의미를 나타낸다.

(18)

가: 他养了一只狗。

　　그는 강아지 한 마리를 키우고 있다.

나: 2003年开始中国还实施了"减船政策"

　　2003년부터는 감척(減隻) 정책도 시행하고 있다.

　'养', '实施'는 행위동사로서 '了'와 결합해서 동작이 실현되고 동작이 계속 지속되고 있는 의미를 나타내고 있다. '강아지를 키우다', '정책을 시행하다'의 동작이 실현되었지만 문장 안에서 이 행위들은 끝나지 않고 지속되고 있다.

　지금까지 행위동사의 한국어 동작상 표지 '-고 있-'과 중국어 동작상 표지 '在', '正', '正在', '着', '了'의 결합양상을 살펴봤는데 이를 다음 표<17>와 같이 정리할 수 있다.

<표 17> 행위동사와 한국어 · 중국어 동작상 표지의 결합양상

행위동사		한국어 동작상 표지		중국어 동작상 표지					
		- 고₁ 있 -	- 고₂ 있 -	正	在	正在	着₁	着₂	了
일반적인 행위동사	运动 (운동 하다)	○	X	○	○	○	X	○	○
	学习 (공부 하다)	○	X	○	○	○	X	○	○
자세동사	坐 (앉다)	○	X	X	X	X	○	X	○
	躺 (눕다)	○	X	X	X	X	○	X	○

1.1.3. 완수동사와 동작상 표지의 결합양상

완수동사는 시작점에서 종결점까지 도달하기 위해 중간 과정을 거쳐야하기 때문에 [+지속성], [+동태성], [+완성성]의 자질을 지니고 있다. 박덕유(1997)에서는 완수동사 중에 목적어를 취하는 타동사를 완수동사로, 목적어를 취하지 않는 자동사를 변화동사로 재분류하였다[1]. 앞에서 서술한 것과 같이 본 연구에서는 변화동사를 완수동사의 범주로 본다. 완수동사와 변화동사는 [+동태성], [+지속성]의 자질을 지니고 있어서 진행상 표지 '-고₁ 있-'과 결합할 수 있다. 주의할 점은 변화동사

---

[1] 이승희(2016:94)에서 재인용.

와 완수동사가 동작상 표지 '-고₂ 있-'과는 결합양상이 다르다는 것이다.

박덕유(2007)에서는 완수동사와 변화동사 모두 [+완성성]의 자질을 지니고 있지만 완수동사는 '-고₂ 있-'과 결합해서 동작이 완료된 결과로 생긴 상태지속을 나타내는 반면, 변화동사는 '-고₂ 있-'이 아닌 '-어 있-'과 결합해서 동작이 완료된 결과로 생긴 상태지속을 나타낸다고 지적하였다.

(19)

가: 민숙이 문을 <u>닫고 있다</u>.
  闵姝正关门。

나: 얼음이 <u>녹고 있다</u>.
  冰块在融化。

다: 영숙이 옷을 <u>입고 있다</u>.
  英淑<u>正在穿衣服</u>。

라: 영숙이 옷을 <u>입고 있다</u>.
  英淑穿着衣服。

마: *물이 <u>얼고 있다</u>.
  * 水结冰着。

예문 (가)의 일반적인 완수동사 '문을 닫다'와 예문 (나)의 변화동사

'녹다'는 진행상 표지 '-고₁ 있-'과 결합해서 동작의 진행을 나타낸다. (다), (라)는 둘 다 일반적인 완수동사 '입다'가 사용되었는데, (다)는 진행상 표지 '-고₁ 있-'과 결합해서 옷을 입는 행위를 진행하고 있음을 나타내고, (라)는 지속상 표지 '-고₂ 있-'과 결합해서 옷을 입은 상태의 지속을 나타낸다. 마지막으로 (마)의 '얼다'는 변화동사이기 때문에 지속상 표지 '-고₂ 있-'과 결합하면 비문이 된다.

예문의 '-고 있-'은 중국어 동작상 표지 '正', '在', '正在', '着₁'으로 다양하게 번역되고 있다. 그리고 일반적인 완수동사, 착용동사, 변화동사에 따라 '着'의 결합양상이 다르다. 다음에서는 구체적으로 중국어 동작상 표지 '在', '正', '正在', '着', '了'가 완수동사와 어떤 결합양상을 가지고 있는지를 살펴보도록 한다.

① '在'

완수동사는 [+동태성], [+지속성], [+완성성]의 의미자질을 지니고 있다. '在'는 기본적으로 내부단계를 가시화해서 진행의 의미를 나타낸다. '在'는 완수동사와 결합해서 내부단계를 가시화하고 동작의 진행을 나타낸다. 다음 예문을 통해 '在'와 완수동사가 어떤 결합양상을 가지고 있는지를 살펴보겠다.

(20)

가: 故事的完成度在提高。

　　이야기의 완성도가 높아지고 있다.

나: 保安大叔在开门。

경비 아저씨가 문을 열고 있다.

(가)의 '提高', (나)의 '开门'은 완수동사에 해당하여 중국어 진행상 표지 '在'와 결합해서 내부단계를 가시화하여 동작의 진행을 나타낸다. (가)의 경우는 '완성도가 높아지는' 행위가 진행되고 있는 것을 나타내고 (나)의 경우는 '문을 여는' 동작이 진행 중임을 나타낸다.

② '正'

《现代汉语八百词》에서는 '正'은 동작의 진행과 상태의 지속을 나타낸다고 지적하였다. '正'은 진행상 표지로서 동사와 결합해서 내부단계를 가시화하고 동작의 진행을 나타낸다. 완수동사는 내부단계를 가지고 있으며 '正'과 결합하여 동작의 진행을 나타낸다. 다만 전술하였듯이 '正'은 '着'이나 '呢'와 같이 사용해야 [+지속성]의 자질을 지니는 동사와 결합할 수 있다.

(21)

가: 妈妈正穿鞋呢。

　어머니가 신발을 신고 있다.

나: 冰正融化呢。

　얼음이 녹고 있다.

예문의 '穿', '融化'는 [+동태성]과 [+지속성]의 자질을 지니는 완수동사이기 때문에 내부단계가 존재한다. (가)의 '신발을 신는', (나)의 '얼음이 녹는' 행위는 종결점까지 도달하는 내부단계가 존재한다. 따라서 완수동사는 '正'과 결합해서 동작의 진행을 나타낸다.

③ ' 正在'

'正在'는 '在'와 같은 동사 결합제약을 지니고 있기 때문에 [+지속성]의 자질을 지니는 완수동사와 결합할 수 있다. 완수동사는 내부단계를 지니고 있기 때문에 '正在'와 결합해서 내부단계를 가시화하고 동작의 진행을 표현할 수 있다.

(22)

가: 哲洙正在写信。

  철수는 편지를 쓰고 있다.

나: 这件事的可行性正在提升。

  이번 일의 실행 가능성이 높아지고 있다.

예문 중의 '写信', '提升'은 [+동태성]과 [+지속성]의 자질을 지니고 있으며 '正在'와 결합하면 동사의 내부단계를 가시화하고 동작이 진행 중에 있음을 나타낸다. '正在'가 사용된 예문 (가)와 (나)는 '편지를 쓰는' 또는 '(일의) 실행가능성이 높아지는 중인' 동작이 진행 중임을 나타낸다.

④ ' 着'

완수동사는 종결점을 가지고 있으므로 '着₁'과 결합해서 동작이 종결된 후 결과단계를 가시화하여 상태의 지속을 나타낸다. '着₂'은 상황의 내부단계를 가시화하여 '진행'의 의미를 나타낸다. 여기에서 주의할 것은 '着'은 '동작의 진행'과 '상태의 지속' 두 가지 의미를 모두 가지고 있지만 '입다', '신다'류의 착용동사는 '着'과 특이한 공기현상을 가지고 있다는 점이다. 장의철·쭈즈훼이(2013)에서 지적한 것과 같이 '입다'류 동사와 결합할 때 '着'은 결과단계를 가시화하여 상태 지속의 의미를 나타낼 수 있다[1]. 김정애(2013)에서는 중의적 의미를 가지는 '着'이 신체 착용 동사와 결합하면 상태 지속만을 나타낸다고 지적하였다[2].

(23)

가: 售后人员修理<u>着</u>空调。

　수리 센터 직원이 에어컨을 수리하고 있다.

나: 学校门口聚集<u>着</u>很多人。

　학교 대문 앞에 많은 사람이 몰리고 있다.

다: 老师穿<u>着</u>正装。

　선생님이 정장을 입고 있다.

위의 예문은 완수동사가 '着'과 결합한 경우이다. '着'은 완수동사와 결합해서 내부단계를 가시화하여 동작의 진행을 나타내고 결과단계를 가시화하여 결과 상태의 지속을 나타낸다. 예문 (가)는 '着'와 결합해

---

① 　장의철 · 쭈즈훼이(2013:340)참조.
② 　김정애(2013:20)참조.

서 '에어컨을 수리하는' 동작이 진행되고 있음을 나타낸다. 예문 (나)에
'着'는 완수동사 '聚集'과 결합해서 '사람이 몰려드는' 상태의 지속을 나
타낸다. (다)의 '穿'은 신체 착용동사이기 때문에 '着'과 결합할 때 '정장
을 입고 있는' 상태 지속을 나타낸다.

⑤ ' 了 '

완수동사는 [+지속성]과 [+완성성]의 특성을 가지고 있고 상황의 시
작점과 종결점을 지니고 있다. 이러한 완수동사는 완료상 표지 '了'와
결합할 때 동작이 실현됨을 의미하여 '了'와 결합제약이 없다. 金立鑫
(2002)에서는 결합하는 동사분류에 따라 '了'의 의미가 다르며 '弱持續
性動詞(약지속성동사)와 결합할 때 '實現-完結'(실현-완결)의 의미를 가
지고 동작이 실현되고 완료됨을 나타낸다고 주장하였다. 한국어에서
약지속성동사에 해당하는 동사부류는 완수동사이고 '了'와 결합하여
동작의 실현과 완결을 함께 나타낸다.

(24)

가: 他们穿上了衣服。

　그는 옷을 입었다.

나: 他打开了教室门。

　그는 교실의 문을 열었다.

예문 중에 '穿上', '打开'는 [+지속성]과 [+완성성]의 자질을 지니고
있으며, 상황의 시작점과 종결점이 갖추어져 있다. 이러한 완수동사

는 '了'와 결합해서 동작이 완료됨을 의미한다.

지금까지 완수동사와 한국어 동작상 표지 '-고 있-', 중국어 동작상 표지 '在', '正', '正在', '着', '了'와의 결합양상을 살펴봤는데 다음 표<18>과 같이 정리할 수 있다.

< 표 18> 완수동사와 한국어 · 중국어 동작상 표지의 결합양상

완수동사		한국어 동작상 표지		중국어 동작상 표지					
		- 고₁ 있 -	- 고₂ 있 -	正	在	正在	着₁	着₂	了
일반적인완수동사	开 (열다)	○	○	○	○	○	○	○	○
착용동사	穿 (입다)	○	○	○	○	○	○	X	○
변화동사	融化 (녹다)	○	X	○	○	○	X	○	○
	干 (마르다)	○	X	○	○	○	X	○	○

1.1.4. 순간동사와 동작상 표지의 결합양상

순간동사는 [+동태성], [-지속성], [-완성성]의 자질을 지니고 있다. 따라서 이론적으로 순간동사는 시작점과 종결점이 겹쳐져 전개 과정을 포함하지 않기 때문에 진행의 의미를 갖는 '-고₁ 있-'과 결합할 수 없다. 또한 순간동사는 순간적으로 발생하고 발생과 동시에 끝나는 동작이라는 점에서 달성동사와 교차점을 지니고 있지만 달성동사와는 달리 결과상태가 존재하지 않는다. 따라서 이론적으로 상태의 지속을 표현하는 '-고₂ 있-'과도 결합할 수 없다.

하지만 이론과는 달리 실제 사용 양상에서 대부분의 순간동사는 '-고₁ 있-'과 결합할 수 있는데, 이는 '-고₁ 있-'과 결합하면서 '반복'의 의미가 형성되고, [-지속성]의 자질을 지니고 있던 단일 사건이 곧 [+지속성]의 자질을 지닌 복합 사건으로 변하게 되며, 그에 따라 진행상 표지 '-고₁ 있-'은 가시화할 수 있는 내부 시간구조가 형성될 수 있게 되기 때문이다. 본 연구에서는 '반복①' 의미를 '진행'의 하위범주로 삼기로 한다.

(25)

가: 깡패가 어떤 학생을 <u>때리고 있다</u>.

流氓正在打某个学生。

나: 영희가 <u>기침을 하고 있다</u>.

英熙在咳嗽。

예문 (가)의 '때리다'는 진행상 표지 '-고₁ 있-'과 결합해서 때리는 동작이 반복적으로 발생하는 의미를 나타낸다. 예문 (나)의 '기침하다'도 '-고₁ 있-'과 결합해서 기침하는 동작이 반복적으로 발생하는 모습을 나타낸다.

---

① '진행' 또는 '지속'이 '반복'의 의미까지 포괄해서 넓은 의미로 사용되는 경우도 있다. 여기에서는 '진행'을 넓은 의미로 사용한다.

중국어의 경우 진행상 표지 '正', '在', '正在', '着₂', 완료상 표지 '了'는 순간동사와 결합할 수 있고 상태의 지속을 나타내는 '着₁'은 순간동사와 결합제약을 가지고 있다. 예문을 통해서 구체적으로 중국어 동작상 표지 '正', '在', '正在', '着', '了'가 순간동사와 어떤 결합양상을 가지고 있는지를 알아보자.

① ' 在 '

진행상 표지 '在'는 동작의 진행을 나타내기 때문에 반드시 [+동태성]의 자질을 띤 동사와 결합해야 한다. 그리고 진행이란 일정한 시간 동안 계속되는 것을 나타내기 때문에 [+지속성]의 자질을 지니는 동사와의 결합이 요구된다. 따라서 '在'는 [-지속성]의 자질을 지니는 순간동사와는 결합할 수 없다.

그런데 앞에 밝힌 바와 같이 순간동사는 진행상 표지와 특수한 공기 현상을 가지고 있다. '在'와 결합하면 순간동사는 '반복'의 의미가 형성되고, [-지속성]의 자질을 지니고 있던 단일 사건이 곧 [+지속성]의 자질을 지닌 복합 사건으로 변하게 되며, 그에 따라 미완료상표지 '在'는 가시화할 수 있는 내부 시간구조가 형성될 수 있는 것이다.

(26)

가: 那个人在用锤子敲打石块。

　그 사람이 망치를 사용하여 돌덩어리를 치고 있다.

나: 妈妈在拍打衣服。

　어머님은 옷을 토닥토닥하고 있다.

예문 (가), (나)는 순간동사와 중국어 진행상 표지 '在'와 같이 나타나는 예문이다. 각 예문에 사용된 '打(때리다)', 拍打(토닥토닥하다)는 순간적으로 발생하고 거의 동시에 끝나는 동작이기 때문에 내부단계가 없다. 그렇지만 진행상 표지 '在'와 결합해서 '打', '拍打'와 같은 순간적인 사건이 복합사건으로 바뀌며 내부단계를 형성하게 된다.

② ' 正 '

'正'은 동사의 내부단계를 가시화하여 동작의 진행을 나타내는 진행상 표지이기 때문에 내부단계를 지니는 동사만 결합할 수 있다. 순간동사는 시작점과 종결점이 하나가 돼서 내부단계를 가지지 못한다. 그런데 앞서 서술한 바와 같이 순간동사는 '正'과 특이한 공기현상을 가지고 있다. '正'과 결합하면 순간동사는 '반복'의 의미가 형성되고, [-지속성]의 자질을 지니고 있던 단일사건이 곧 [+지속성]의 자질을 지닌 복합사건으로 변하게 되며, 내부단계를 가질 수 있다.

(27)

가: 炸弹正爆炸呢。

　폭탄들이 폭발하고 있다.

나: 台灯正闪呢。

　탁상등이 반짝거리고 있다.

예문 중의 '爆炸', '闪烁'은 [-지속성]을 지니는 순간동사로서 동작이 순간적으로 끝난다. 하지만 '正'과 결합하면 단일사건이 복합사건으로 변하기 때문에 진행의 의미를 나타낸다.

③ '正在'

'正在'는 '正'과 '在'의 특징을 겸하기 때문에 동사와 결합할 때 '正'과 '在'의 결합제약을 모두 받고 있다. '在'는 순간동사와 결합해서 순간동사들이 반복적으로 발생함을 나타낸다.

순간동사는 사건 자체가 일회적인 것으로 한 순간에 완결되기 때문에 내부 단계가 결핍되어 있다. 따라서 이론적으로 순간동사는 '正在'와 결합할 수 없다. 그런데 '在'와 같이 '正在'도 순간동사와 특수한 공기현상을 가지고 있다. 순간동사와 결합할 때 '正在'가 나타내는 것은 한 동작이 진행되는 과정이 아니라 이러한 순간동사들이 반복적으로 발생한 것임을 나타내기 때문이다.

(28)

가: 那个人正在往外扔东西。

　그 사람이 밖으로 물건을 던지고 있다.

나: 哲洙正在踢桌子。

　철수는 책상을 차고 있다.

위의 예문은 순간동사와 중국어 진행상 표지 '正在'와 결합한 예문이다. '扔'(던지다), '踢'(차다)과 같은 동사는 순간적, 일회적으로 이루어지는 동작을 의미하지만 문장 안에서 사용될 때는 동작이 한 번으로 끝나

지 않고 여러 번 반복되는 것을 의미하기 때문에 전체적으로 보아서 동
작의 진행으로 파악할 수 있다. 따라서 여기에서 '正在'와 결합하여 물
건을 던지는 동작과 책상을 차는 동작을 반복적으로 발생하는 모습을
나타낸다.

④ ' 着 '

'着'은 동작의 진행과 상태의 지속을 나타나는 상표지로서 [+지속성]
의 자질을 지닌 동사와 결합할 수 있다. 또 상태 지속의 의미를 나타내
는 '着₁'은 결과단계를 가시화시키고 결과 상태의 지속을 나타내기 때
문에 결과단계를 가지는 동사와 결합할 수 있다. 순간동사는 [-완성성]
의 자질을 지니고 있으며 결과단계를 가지지 못한다. 따라서 순간동사
는 '着₁'과 결합할 수 없다. '着₂'은 동작행위의 진행을 나타낸 진행상 표
지로서 순간동사와 결합할 때 '正', '正在'와 같은 공기현상을 가지고 있
다.

(29)

가: 妈妈敲着我的房门。

　엄마는 나의 방문을 두드리고 있다.

나: 孩子打着嗝。

　아기가 딸꾹질하고 있다.

예문에 사용된 '敲门', '打嗝'은 '着'과 결합해서 방문을 두드리거나 딸
꾹질하는 동작이 반복적으로 일어나고 있음을 나타낸다.

⑤ '了'

순간동사는 [-지속성]과 [-완성성]의 특성을 가지고 있고 상황의 시작점과 종결점을 지니고 있다. 이러한 순간동사는 완료상 표지 '了'와 결합할 때 동작이 실현됨을 의미하여 '了'와는 결합제약이 없다. 金立鑫(2002)에서는 결합하는 동사분류에 따라 '了'의 의미가 다르며 非持續動詞(비지속성동사)와 결합할 때 '實現-狀態延續'(실현-상태연속)의 의미를 가지고 있다고 주장하였다. 즉 비지속성동사와 결합할 때 '了'는 동작이 실현되고 대상의 상태가 변화되고 변화된 상태가 지속되고 있는 의미적 특성을 나타낸다. 여기에서의 비지속성동사는 한국어의 순간동사와 달성동사에 해당하다. 달성동사와 달리 순간동사는 결과단계를 가지지 못하기 때문에 상태연속의 의미를 나타내지 못한다. 따라서 순간동사는 '了'와 결합해서 '實現-完結'(실현-완결)의 의미를 가지고 동작이 실현되고 완료됨을 나타낸다.

(30)

가: 我敲了办公室的门。

　나는 사무실의 문을 두드렸다.

나: 他打了嗝。

　그 사람이 딸꾹질했다.

예문중의 敲门', '打嗝'은 '了'와 결합해서 문을 두드리는 동작과 딸꾹질하는 동작이 실현되고 완료됨을 나타낸다.

지금까지 순간동사가 한국어 동작상 표지 '-고 있-'과 중국어 동작상 표지 '在', '正', '正在', '着', '了'와 어떤 결합양상을 가지고 있는지를 살펴봤으며 이를 다음 표<19>과 같이 정리할 수 있다.

<표 19> 순간동사와 한국어 · 중국어 동작상 표지의 결합양상

순간동사	한국어 동작상 표지		중국어 동작상 표지					
	- 고₁ 있 -	- 고₂ 있 -	正	在	正在	着₁	着₂	了
咳嗽 (기침하다)	○	X	○	○	○	X	○	○
爆炸 (폭발하다)	○	X	○	○	○	X	○	○

1.2. 문장 성분

Kenny(1963)와 Vendler(1967)는 동사의 어휘적 의미에 의해서 동사의 상적인 특성이 결정된다고 주장하였다. 이것을 통해서 동작류는 상적인 특성을 결정하는 데 중요한 요소이고 동작상과 밀접한 관계를 가지고 있는 것을 알 수 있다. 따라서 앞 절에서는 동사분류와 동작상 표지의 결합양상을 살펴보고 동사분류가 동작상 표지 '-고 있-'의 중국어 번역에 어떤 영향을 미치는지를 분석하였다. 한편 봉원덕(2004)에서는 동사의 상적 유형은 이 동사가 취하는 논항 및 부가어 혹은 문맥의 상황에 따라 그 특성이 달라질 수 있다고 지적하였고[①] 오충연(2006)에서는 동사의 상적인 특성이 동사에 국한되지 않

고 논항과 부가어도 영향을 미칠 수 있다고 지적하였다.[2] 따라서 본
절에서는 주어, 목적어, 부가어 세 측면으로 분석을 전개하고자 한
다.

1.2.1. 주어

주어 논항이 복수화되면 동사가 영향을 받아 동사의 상적 특성이 다
른 동사유형으로 파생될 수 있다. 다섯 유형의 동사부류에서 주어 논항
의 영향을 받는 양상은 다르게 나타난다. 조민정(2007)의 연구에 의하
면, 한국어에서 주어 논항이 복수화될 때 순간동사나 달성동사는 행위
동사로 파생될 수 있다. 이와 달리 상태동사, 행위동사, 완수동사에서
주어는 동사의 상변화에 아무런 영향을 미치지 못한다.

먼저 순간동사에서 주어가 복수화되어 행위동사로 파생되는 경우를
보면 다음과 같다.

(31)

가: *폭탄 하나가 폭발하고 있다.

  * 一个炮弹在爆炸。

나: 수많은 폭탄들이 폭발하고 있다.

  无数的炮弹在 / 正在爆炸。

---

① 봉원덕(2004:188)참조

② 오충연(2006:144)참조.

예문 (가)의 순간동사는 [+동태성], [-지속성], [-완성성]의 자질을 가져 [+동태성], [+지속성], [-완성성]의 자질을 가지는 행위동사와는 구분된다. 그러나 예문 (나)에서 주어가 복수화되면 [-지속성]의 자질은 [+지속성]의 자질로 바뀌게 되고 순간동사는 행위동사로 파생된다.

한편, 한국어에서는 달성동사의 경우에서도 주어가 복수화되면 달성동사는 행위동사로 파생될 수 있다. 다만 본 연구에서 달성동사로 분류한 인식동사는 다른 양상을 가지고 있다. 다음의 예문을 통해서 살펴보겠다.

(32)

가: 배 (한 대)가 항구에 도착하고 있다.

　* 船在抵达港口。

나: 수많은 배들이 항구에 도착하고 있다.

　很多船正在抵达港口。

다: 아이가 태어나고 있다.

　* 婴儿在出生。

라: 수많은 아이들이 태어나고 있다.

　无数的婴儿在出生。

마: 친구가 나를 믿고 있다.

　* 朋友在相信我。

바: 친구들이 나를 믿고 있다.

  * 朋友们在相信我。

한국어에서 예문 (가)의 '도착하다'는 예비단계를 지니는 이행동사로서 진행상 표지 '-고₁ 있-'과 결합해서 동작의 진행을 나타낼 수 있다. 이행동사가 주어의 복수화 때문에 [+지속성]의 의미자질을 가지게 되며 행위동사로 파생될 수 있다. 파생된 행위동사는 '-고₁ 있-'과 결합하여 진행을 나타낸다.[1]

예문 (다)의 '태어나다'는 일반적인 달성동사로서 [-지속성]의 자질을 지니고 있기 때문에 진행상 표지 '-고₁ 있-'과 결합하면 비문이 되지만 예문 (라)처럼 주어가 복수일 때 '태어나다'의 동작이 여러 번 반복하게 발생하기 때문에 [+지속성]의 자질을 가지게 되고 내부단계를 지니게 된다. 이런 경우에 '-고₁ 있-'과 결합해서 동작의 진행을 나타낸다.

예문 (마)의 '믿다'는 인식동사이고 '-고₂ 있-'과 결합해서 결과상태의 지속을 나타낸다. 인식동사의 경우에는 주어가 복수화되어도 동사의 상적 특성이 그대로 유지된다. 이를 보여주는 것이 (바)인데, 주어가 복수로 바뀌어도 '믿다'는 '-고₂ 있-'과 결합해서 결과 상태의 지속을 나타낸다.

위의 서술한 것과 같이 한국어에서 달성동사와 순간동사 주어가 복수화되면 행위동사로 파생될 수 있다. 이에 따라 동작상 표지 '-고

---

[1] 일반적인 달성동사에서 파생된 행위동사와 달리 이행동사에서 파생된 행위동사의 경우는 '-고₁ 있-'과 결합해서 예비단계를 가시화시켜서 예비과정의 반복을 의미하는 것이다.

있-'의 의미도 달라진다. 다음으로 중국어 동사의 상적 특성은 주어 복수화의 영향을 받을 수 있는지, 그렇다면 중국어 동작상 표지는 파생된 동사와 어떤 결합양상을 가지고 있는지를 살펴보도록 한다.

주어의 복수화가 동사 상적특성에 미치는 영향 측면에서 중국어는 한국어와 비슷한 현상을 가지고 있다. 戴耀晶(1994)에서는 현대중국어 '爆炸(폭발)'이 시간 표현상에서 가지는 순간성과 지속성의 차이에 대해 분석한 바 있다. 그는 원래 [-지속성]의 자질을 가지는 '爆炸(폭발)'이 단수 주어를 가진다면 동작행위가 반복성을 가질 수 없는 반면에, 주어가 복수화되면 복수 주어에 의해 본래 [-지속성]의 자질을 지닌 동작행위가 지속적으로 발생하는 반복성을 가지게 되는 속성에 주목하여 주어에 따른 순간동사의 지속화를 지적하였다. 이 견해에 근거하면 중국어에서 순간성을 지니는 동사는 주어가 복수화되면 [+지속성]의 자질을 지니게 되고 행위동사로 파생될 수 있다. 중국어에서 순간성을 지니는 동사로는 달성동사와 순간동사가 있는데 이들과 중국어 동작상 표지와의 결합양상을 살펴보도록 하자.

중국어의 달성동사는 [+동태성], [-지속성], [+완성성]의 자질을 지니고 있으며 내부단계를 가지지 못하기 때문에 진행상 표지 '在', '正', '正在', '着₂'과 결합해서 동작의 진행을 나타낼 수 없다. 주어가 복수화된 경우에 중국어 동작상 표지 '在', '正', '正在', '着₂'은 파생된 행위동사와 어떤 결합양상을 가지고 있는지를 살펴보자.①

---

① 인식동사는 중국어에 상태동사에 속하고 있기 때문에 중국어 동작상 표지와 결합할 수 없다. 따라서 여기에서는 이행동사와 일반적인 달성동사의 경우만 살펴보도록 한다.

(33)

가: *哲秀在/正/正在入學。(入着学)

　*철수가 입학을 하고 있다.

나: 同学们在/正/正在入學。(入着学)

　학생들이 입학을 하고 있다.

　예문 (가)중의 '入學'은 일반적인 달성동사에 해당하며 [-지속성]의 자질을 가지고 있기 때문에 진행상 표지 '在', '正', '正在', '着₂'과 결합할 수 없다. 예문 (나)의 경우 주어는 복수로 바뀌었기 때문에 학생이 입학하는 순간적인 행위가 여러 번 반복 발생하여 동사가 [+지속성]을 갖게 되었고 '在', '正', '正在', '着₂'과 결합하여 동작의 진행을 나타낼 수 있게 되었다.

(34)

가: *一辆公共汽车在/正/正在到达。(到达着)

　버스(한 대)가 도착하고 있다.

나: *很多辆公共汽车在/正/正在到达。(到达着)

　버스들이 도착하고 있다.

　예문의 '到达'는 이행동사에 해당하며 예비단계를 지니고 있다. 한국어의 경우 '-고₁ 있-'은 이행동사와 결합해서 예비단계를 가시화하여 진행을 나타낼 수 있는 것과 달리 중국어의 진행상 표지는 이행동사의 예비단계를 가시화할 수 없기 때문에 이행동사와 결합할 수 없다. 따라서 이행동사가 주어의 복수화 때문에 행위동사로 파생된 경우에도 중국어 진행상 표지 '在', '正', '正在', '着₂'과 결합할 수 없다. 예문 (가)는 주어가 단수인 경우이고 예문 (나)는 주어가 복수인 경우이다. 이 두 중국어 문장은 모두 비문이다.

위의 예문을 통해서 중국어에서 달성동사가 주어의 영향으로 행위동사로 파생되는 양상을 살펴보았다. 한국어의 경우 일반적인 달성동사, 인식동사, 이행동사는 주어의 복수화 때문에 행위동사로 파생될 수 있다. 파생된 행위동사는 '-고 있-'과 결합해서 동작의 진행을 나타낸다. 한국어와 달리 중국어의 경우는 이행동사의 예비단계를 가시화할 수 없기 때문에 이행동사가 주어 복수화 때문에 파생된 행위동사의 경우 중국어 진행상 표지 '正', '在', '正在', '着₂'과 결합할 수 없다. 일반적인 달성동사가 주어의 복수화 때문에 행위동사로 파생된 경우 파생된 행위동사는 중국어 진행상 표지 '在', '正', '正在', '着₂'과 결합해서 동작의 진행을 나타낼 수 있다.

순간동사는 주어 복수화의 영향을 받아서 행위동사로 파생될 수 있다. 순간동사는 [+동태성], [-지속성], [+완성성]의 의미자질을 지니고 있는데 주어 복수화의 영향을 받아서 [+동태성], [+지속성], [-완성성]의 의미자질로 바뀌게 된다.

(35)

가: *一顆炸彈在爆炸。

　폭탄 (하나)가 폭발하고 있다.

　나: 许多炸弹在爆炸。

　　폭탄들이 폭발하고 있다.

　위의 예문 (가)의 '爆炸'은 시작점과 종결점이 겹쳐서 [-지속성]의 자
질을 지니고 있다. 예문 (나)는 주어가 복수화된 경우이다. 순간동사는
주어의 복수화 때문에 단일 사건을 복합 사건으로 바꾸며 [+지속성]
의 의미자질을 가지게 된다. 주어가 단수일 때 순간동사는 진행상 표지
'在'와 결합해서 동작의 진행을 나타낼 수 없다. 그런데 주어가 복수화
되면 예문 (나)처럼 진행상 표지 '在'와 결합하여 동작의 진행을 나타낼
수 있다. 다음으로 순간동사가 행위동사로 파생된 경우에 중국어 진행
상 표지 '在', '正', '正在', '着₂'과 어떤 결합양상을 가지고 있는지를 살펴
보겠다.

(36)

가: 一栋栋楼在/正/正在倒塌。(倒塌着)

　　빌딩들이 무너지고 있다.

나: 星星们在/正/正在闪烁。(闪烁着)

　　별들이 반짝거리고 있다.

　위의 예문은 순간동사가 주어의 복수화 때문에 행위동사로 파생된
경우이다. 위의 예문은 중국어 진행상 표지 '在', '正', '正在', '着₂'과 결합
해도 자연스러운 문장이다. 예문의 '在', '正', '正在', '着₂'은 파생된 행위
동사와 결합해서 진행의 의미를 나타낸다.

1.2.2. 목적어

지금까지 주어가 동작상 표지 '-고 있-'의 중국어 번역에 미치는 영향을 살펴보고 동사부류 중 순간동사와 달성동사는 주어의 영향을 받을수 있으며 이에 따라 '-고 있-'의 중국어 번역양상도 달라짐을 밝혔다. 이제 목적어가 '-고 있-'의 중국어 번역에 영향을 미칠 수 있는지, 또 어떤 영향을 미치는지를 살펴보겠다.

조민정(2007)과 정의철·쭈즈훼이(2013)에서는 목적어의 양화 때문에 동사의 상적 특성이 바뀌게 되는 동사부류는 행위동사가 유일함을 논하였다. 논항 자체의 의미변화와 관련하여, 행위동사의 목적어 논항에서 비한정적인 양을 지닌 명사구가 한정적인 양을 지닌 명사구로 바뀌게 되면, 한정적인 명사구가 가지는 종결점의 의미로 인해 행위 상황유형의 [-완성성]의 의미자질은 [+완성성]의 의미자질로 바뀌게 된다. 이때 행위동사는 완수동사로 파생된다.

(37)

가: 철수는 밥을 먹고 있다.

　　철수는 밥 한 그릇을 먹고 있다.

　* 哲洙在吃一碗饭。

나: 철수는 책을 읽고 있다.

　　철수는 책 두 권을 읽고 있다.

　* 哲洙在读两本书。

목적어 논항이 비한정적인 양을 지닌 명사구에서 한정적인 양을 지닌 명사구로 바뀌게 되면, 예문처럼 (가)의 행위동사는 (나)의 완수동사로 파생되게 된다. 이런 경우에 '-고 있-'은 예문 (가)의 경우처럼 예문 (나)에서도 내적단계를 가시화하여 진행의 의미를 나타낼 수 있다. 다시 말하면 일정기간을 나타내는 수량은 진행상 표지 '-고₁ 있-'과 결합해도 아무런 문제가 없는 것이다. 이런 경우에 행위동사가 목적어의 영향으로 인해 완수동사로 파생되는 경우 '-고 있-'과 결합해서 동작의 진행을 나타낸다.

한국어와 달리 중국어는 행위동사가 목적어의 영향을 받아서 완수동사로 파생될 수 있지만 파생된 완수동사와 진행상 표지의 결합은 한국어와 다른 공기양상을 가지고 있다. 앞에서 서술한 바와 같이 중국어에서 완수동사는 진행상 표지 '在', '正', '正在', '着'과 결합할 수 있다. 이와 달리 목적어의 영향을 받아서 파생된 완수동사의 경우 다른 결합양상을 가지고 있다. 다음의 예를 통해서 파생된 완수동사와 중국어 진행상 표지 '在', '正', '正在', '着'의 결합여부를 살펴보겠다.

(38)

가: *他正在喝一杯水。

　그는 물 한 잔을 마시고 있다.

나: *他正画五张图。

　그 사람이 그림 다섯 장을 그리고 있다.

다: *他在洗三件衣服。

　그는 옷 세 벌을 빨고 있다.

위의 예문은 파생된 완수동사가 중국어 진행상 표지 '在', '正', '正在'와 결합한 경우인데 모두 비문이다.

劉小梅(1994)에서는 시간의 양을 나타내거나 빈도를 표시하는 문장 성분은 진행형식과 공기할 수 없다고 지적하였다. 예문의 동사들은 모두 행위동사로서 목적어가 비한정적인 양을 지닌 명사구이면 '他在喝水', '他在画画', '他在洗衣服'처럼 진행상 표지 '在', '正', '正在'와 결합할 수 있다. 문제는 목적어가 수량사 '一杯', '五张', '三件'과 결합해서 한정적인 특성을 지니게 되는 경우이다.

胡裕樹·范曉(1995)에서는 '着'은 구체적인 시간 길이와 동작의 양을 측정하는 단어와 결합할 수 없음을 지적하였다. 戴耀晶(1997)에서는 '着'의 비완정성(非完整性) 때문에 동사 뒤에 시간적으로 제한하는 의미를 내포하는 단어는 출현할 수 없다고 지적하였다. '着'은 한정적인 수량사의 수식을 받는 명사구 목적어와는 결합할 수 없다. 한정적인 수량사의 수식을 받는 명사로 구성된 목적어들은 모두 종결을 나타내는 유계적[1] 개념을 가지므로 '着'의 [+지속]이라는 의미자질과는 모순을 일으키기 때문이다. 다음의 예문을 통해서 '着'과 파생된 완수동사의 결합양상을 살펴보겠다.

---

[1] 유계(有界)와 무계(無界)는 흔히 두 가지 측면에서 이해될 수 있는데, 하나는 사람이 사물을 감지하고 인식할 때, 사물들은 공간상에서 유계(有界)와 무계(無界)로 존재한다는 것이고, 또 하나는 동작을 감지하고 인식할 때 동작들은 시간선 상에서 유계와 무계의 성질을 가진다는 것이다. 여기에서는 후자의 경우를 말하는 것이다.

(39)

가: *哲洙吃着一个苹果。

　철수가 사과 한 개를 먹고 있다.

나: *朋友等着两个人。

　친구는 두 사람을 가다리고 있다.

위의 예를 통해서 중국어 동작상 표지 '着'은 한정적인 목적어를 가지는 파생 완수동사와 결합할 수 없음을 알 수 있다.

동사 뒤에 '着'이 오면 수량사와 결합해서 한정성을 지니게 되는 목적어가 오지 못한다. '着'은 시간의 완성이나 완료를 나타내지 못하고 앞 술어가 나타내는 행위나 결과의 상태가 지속됨을 설명한다. 따라서 명확한 시간의 경계를 나타내는 한정적인 목적어와 함께 쓰일 수 없다.

1.2.3. 시간 부사어

앞에서 서술한 한국어 동작상 표지 '-고 있-'의 중국어 번역양상을 살펴보면 '-고 있-'은 주로 중국어 동작상 표지 '在', '正', '正在', '着', '了' 다섯 개로 번역됨을 알 수 있다. 그런데 어떤 경우에 어느 동작상 표지로 번역해야 하는지에 대해서는 확실한 기준이 없다. 따라서 본 연구에서는 동작상 표지 '-고 있-'의 중국어 번역양상에 영향을 미칠 수 있는 요소를 밝히고자한다. 여기에서는 시간 부사어가 '-고 있-'의 중국어 번역양상에 영향을 미칠 수 있는지를 살펴보겠다.

주지하다시피 시간부사는 시간 표현 범주인 시제와 상과 밀접한 관련을 맺고 있으므로 대체로 이 두 범주와의 관련성을 중심으로 한 유형 논의가 지금까지 이루어졌다. 민현식(1999)에서는 시간 부사어를 크게 '시제 관련 시간 부사어'와 '상 관련 시간 부사어' 두 측면으로 나누고 있다. 봉원덕(2004)에서는 시간 부사어를 '위치 시간 부사어'와 '양상 시간 부사어'로 나누고 양상 시간 부사어를 다시 지속성 시간 부사어, 반복성 시간 부사어, 순간성 시간 부사어 세 측면으로 나누고 있다. 본 연구는 동작상 표지의 번역양상을 연구하는 데에 목적을 두고 있기 때문에 상 관련 시간 부사어나 양상 시간 부사어가 '-고 있-'의 번역양상에 어떤 영향을 미치고 있는지를 살펴보고자 한다. 따라서 본 연구는 봉원덕(2004)의 양상 시간 부사어의 하위분류에 따라 연구를 진행하고자 한다.

< 표 20> 봉원덕 (2004) 의 양상 시간부사어 하위분류[①]

양상 시간 부사어	지속성 시간부사어	종일 , 평생 , 여태 , 지금껏 , 잠깐 , 오래 , 점점 등
	반복성 시간부사어	다시 , 거듭 , 잇달아 , 늘 , 항상 , 날마다 . 자주 , 수시로 , 가끔 등
	순간성 시간부사어	순간 , 문득 , 갑자기 , 별안간 등

지속성 시간 부사어는 일정 기간 이어지는 시간을 표현하며 동작이나 상황이 지속됨을 표현하는 시간 부사어이다. 반복성 시간 부사어는 어떤 동작이나 상황의 반복을 표현한다. 순간성 시간 부사어는 짧은 시간에 동작이나 상황이 발생했음을 표현하는 시간 부사어이다. 이런 시

---

① 봉원덕 (2004 : 192) 참조 .

간 부사어는 결합할 수 있는 동사분류가 각각 다르지만 공통적으로 동사의 상적 특성을 바꿀 수 없으며 '-고 있-'의 의미를 바꿀 수 없다. 따라서 시간 부사어는 동작상 표지 '-고 있-'과는 결합제약이 없다. 동사의 상적 특성에 영향을 미칠 수 없고 '-고 있-'의 의미에 영향을 미칠 수 없기 때문이다.

한국어의 경우 시간 부사어는 동사의 상적특성에 큰 영향을 미칠 수 없는데 중국어에 경우 시간 부사어에 따라 결합할 수 있는 동작상 표지가 다르기 때문에 '-고 있-'의 중국어 번역양상에 큰 영향을 미칠 수 있다.

郭志良(1992)에서는 시간 부사어를 시점 부사어와 시단 부사어로 분류하고, 시점 부사어를 비연속성 시점 부사어와 연속성 시점 부사어로 다시 분류하였다. 손정(2014)에서는 중국어의 시간 부사어를 시점/순간 시간 부사어, 시간대/지속 부사어, 순서/차례를 표시하는 부사어, 점점 증감을 표시하는 부사어, 중복을 표시하는 부사어, 빈도 부사어, 진행 부사어, 실현 부사어, 미 실현 부사어, 기타 부사어 10개로 분류하였다. 杨荣祥·李少华(2014)에서는 시제와 관련된 시간 부사어를 선시 시간 부사어와 후시 시간 부사어로 나누고 동작상과 관련된 시간 부사어를 瞬時(순시)성 시간 부사어와 延時(연시) 시간 부사어로 나누었다. [1]본 연구에서는 시간 부사어가 한국어 동작상 표지 '-고 있-'의 중국어 번역양상에 어떤 영향을 미칠 수 있는지를 살피는 데에 목적을 두고 있기 때문에 중국어와 한국어의 시간 부사어 분류를 같은 기준으로 설

---

① 杨荣祥 · 李少华(2014)의 시간 부사어 하위부류.

정하고자 한다. 따라서 중국어 시간 부사어의 하위분류는 한국어 시간 부사어에 관한 연구 봉원덕(2004)의 견해와 중국어 시간 부사어에 관한 연구 郭志良(1992), 杨荣祥·李少华(2014), 손정(2014)의 견해를 종합하여 다음 표와 같이 정리하였다.

<표 21> 시간 부사어의 하위부류

시 간 부 사 어	시점 부사어	순간성 시간 부사어	這時 , 此刻 , 目前 , 這會兒 , 現在 , 忽然 , 突然 , 立刻
		반복성 시간 부사어	時刻 , 整天 , 日夜 , 天天 每天 , 經常
	시단 부사어 (지속성 시간 부사 어)		這 / 那些日子 , 上個月 , 前些年 , 這 / 那個階段 , 永遠 , 一直 , 始終 , 從來 , 至今 , 自從 ~ 以來 , 以後 , 從前 , ~ 以前

본 연구에서는 시간 부사어를 시점 부사어와 시단 부사어(지속성 시 간부사어) 두 측면으로 나누고 시점부사어를 다시 순간성 시간 부사어 와 반복성 시간 부사어로 나누었다. 다음에는 이 시간부사의 분류를 근 거로 중국어 동작상 표지 '在', '正在', '正', '着', '了'는 시간 부사어와 어떤 결합양상을 가지고 있는지를 분석하고자 한다.

① ' 在 '

앞에서 서술한 것과 같이 郭風嵐(1998)에서는 동작상 표지 '在', '正', '正在'의 차이를 분석하였으며 '在'는 '시단·연속성'의 특징을 가지고 있 다고 지적하였다. '在'는 時段(시단)의 특징을 나타내므로 시점을 나타 내는 부사어와 자유롭게 결합할 수 없다. '在'는 지속성의 특징을 지니고 있기 때문에 순간성 시간 부사어와 결합할 수 없지만 반복성 시간 부사어와는 결합할 수 있다. '在'가 반복성 시간 부사어와 어떤 결합양 상을 가지고 있는지 예문을 통해서 살펴보겠다.

(40)

가: 工人们在日夜奋战, 争取早日完工。

현재 직원들은 하루라도 빨리 완공하기 위해 밤낮으로 고군분투 하고 있다.

나: 哲洙在天天祈祷。

철수는 매일 기도하고 있다.

다: 他整天都在吹长笛。

그는 온종일 피리만 불고 있다.

라: 太阳每时每刻都[1]在散发能量。

태양은 매 시각마다 열량을 발산하고 있다.

위의 예문을 통해서 '在'와 반복성 시간 부사어와의 결합양상을 알 수

---

[1] 위의 예문을 보면 '在'앞에는 부사 '都'가 나타났다. 이런 경우에 '都'가 왜 나타났는 지에 대해서 김은자(2007)에서는 이는 발화를 최대한 효과적으로 수행하기 위한 것 을 해석할 수 있을 것 같다. 즉, 여기서 사용된 연속성을 나타내는 부사 '都'는 시점 부사어를 강조하는 동시에 그 시간동안 계속해서 그 동작이 진행되고 있었다는 것 을 강조하는 역할을 담당한다고 지적하였다.

있다. '日夜', '天天', '整天', '每时每刻'은 반복성 시간 부사어에 해당하며 '在'와 결합해서 동작의 진행을 나타낸다.

지속성 시간 부사어의 경우, '在'는 앞에서 서술한 것과 같이 時段(시단)·延續性(연속성) 특징을 가지고 있기 때문에 지속성 시간부사와 자연스럽게 공기할 수 있다. 따라서 '在'와 지속을 나타내는 시간 부사어의 결합은 자연스럽다.

(41)

가: 从上个月开始我一直在准备论文。

　　지난달부터 나는 계속 논문을 준비해 왔다.

나: 本世纪90年代以来, 中韩关系在迅速发展。

　　90년대 이래로 중한 관계는 신속히 발전하고 있다.

위의 예문중의 '上个月', '~以来'는 일정한 시간의 길이를 포함하는 지속성 시간 부사어에 해당하다. 그리고 앞에서 서술한 바와 같이 동작상 표지 '在'는 時段의 특징을 가지고 있다. 따라서 지속성 시간 부사어는 동작상 표지 '在'와 결합할 수 있다. 예문에 사용된 동작상 표지 '在'가 '上个月', '~以来'와 자연스럽게 결합하는 것도 이를 보여준다.

②'正', '正在'

지금까지 동작상 표지 '在'가 중국어 시간 부사어와 어떤 결합양상을 지니고 있는지를 살펴보았다. 여기에서는 '在'와 다른 특징을 지니는 '正'과 '正在'가 시간 부사어와 어떤 결합양상을 가지고 있는지를 살펴보고자 한다. 郭風嵐(1998)에서는 '在'와 달리 동작상 표지 '正', '正在는 '시점·비연속성' 특징을 가지고 있다고 지적하였다. 다시 말하면 '正'과 '正在'는 동작이 진행되는 시점을 강조하는 의미기능을 가지고 있다. 따라서 순간성 시간 부사어 '当时', '那时', '这时', '此刻'와 자연스럽게 공기할 수 있다. 그리고 '正', '正在'는 非延續性(비연속성)의 의미특성을 지니기 때문에 반복성 시간 부사어와 결합할 수 없다. 지속성 시간 부사어의 경우, '正', '正在'는 '時点(시점)·非延續性(비연속성)' 특징을 가지고 있기 때문에 지속성 시간 부사어와 결합할 수 없다. 肖奚强(2002)은 '正', '正在'가 시점특성을 가지고 [-지속]을 나타내므로 일반적으로 시단을 나타내는 시간 부사어와 결합할 수 없다고 지적하였다.[1] 袁思思(2016)에서도 '正', '正在'는 지속성 시간 부사어와 반복성 시간 부사어와 결합할 수 없다고 지적하였다.[2] 다음에서 예문을 통해서 '正', '正在'와 시간 부사어의 결합영상을 살펴보겠다.

(42)

가: <u>那时</u>他正在上课。

　　당시 그는 수업을 하고 있었다.

나: <u>地震发生当时</u>, 哲洙正准备上床睡觉。

　　지진이 일어났을 당시 철수는 잠자리에 들 준비를 하고 있었다.

---

① 　肖奚强(2002:28)참조.
② 　袁思思(2016:10)참조.

위의 예문은 신문텍스트에서 발췌한 시간 부사어가 나타나는 예문으로, 여기에 사용된 '那时', '当时'는 순간성 시간 부사어에 해당하다. 이 부사어들은 동작상 표지 '正', '正在'와 결합하여 동작이 진행되고 있는 시점을 강조한다. 위의 예문을 통해서 '当时', '那时', '这时', '此刻'과 같은 순간성 시간 부사어가 동작상 표지 '正', '正在'와 결합 가능함을 알 수 있다.

③ '着'

중국어 동작상 표지 '着'은 동작의 진행과 상태의 지속을 나타낸다. '着'은 [+지속성]을 요구하기 때문에 지속의 의미를 표현하는 시간 부사어만 결합할 수 있기 때문에 순간성 시간 부사어와 결합할 수 없다. 손정(2014)에서는 중국어 동작상 표지 '着'은 '一直, 永, 永远' 등과 같은 지속성 시간 부사어와 결합할 수 있다고 지적하였다.[1] 石毓智(2006)에서는 '着'은 긴 시간 과정을 표현하기 때문에 '一直', '总是', '经常', '老'와 같은 시간 부사어와 결합할 수 있다고 지적하였다.[2] 그 중에 '一直', '总是'는 지속성 시간 부사어에 해당하고 '经常', '老'는 반복성 시간 부사어에 해당한다. 다시 말하면 '着'은 지속성 시간 부사어뿐만 아니라 반복성 시간 부사어와도 결합할 수 있다. 반복성 시간 부사어는 어떤 행위나 상황이 반복되고 있음을 지시한다. 다음의 예문을 통해서 '着'과 시간 부사어의 결합양상을 살펴보고자 한다.

---

① 손정(2014:67)참조.
② 石毓智(2006:21)참조.

(43)

　가: <u>十年来</u>, 她一直保持着这种习惯。

　　그녀는 10년 간 이런 습관을 유지하고 있다.

　나: 我最近<u>整天</u>想着那个人。

　　나는 요즘 온종일 그 사람을 생각하고 있다.

　다: 妈妈<u>经常</u>站着工作。

　　어머님은 항상 서서 일을 하고 있다.

　라: 他<u>常常</u>哼着那首歌。

　　그 사람은 항상 그 노래를 흥얼거리고 있다.

　예문 (가)와 예문 (나)는 중국어 동작상 표지 '着'은 지속성 시간 부사어와 결합한 경우이다. 위의 예문을 통해서 '着'은 지속성 시간 부사어뿐만 아니라 반복성 시간 부사어와 결합할 수 있음을 알 수 있다. 예문 (가)는 동작의 진행을 나타내고 예문 (나)는 상태의 지속을 나타낸다. 예문 (다)와 예문 (라)는 '着'와 반복성 시간 부사어가 결합한 경우이다. 예문 (다)는 상태의 지속을 나타내고 예문 (라)는 동작의 반복을 나타낸다.

　④ '了'

　'了'는 완료상 표지로서 동작이 실현되었음을 나타낸다. 따라서 '了'는 지속성 시간 부사어와 결합할 수 없다. 杨荣祥·李少华(2014)에서

언급하였듯이 동작상 표지 '了'는 순간성 시간 부사어와 결합할 수 있지
만 반복성 시간 부사어와 지속성 시간 부사어와는 결합할 수 없다.

(44)

가: <u>他</u><u>忽然</u>咳嗽了一声。

　그는 갑자기 기침을 했다.

나: 炸弹<u>瞬间</u>爆了炸。

　폭탄은 순간 폭발했다.

위의 예문은 동작상 표지 '了'가 순간성 시간 부사어와 결합한 경우인
데 모두 자연스럽다. 예문 (가)와 예문 (나)는 '了'와 순간성 시간 부사어
가 결합해서 동작이 실현되고 완료되는 것을 나타낸다.

지금까지 중국어 동작상 표지 '在', '正', '正在', '着', '了'와 시간 부사어
의 결합 양상을 살펴보았다. 이를 다음과 같이 정리할 수 있다.

< 표 22> ' 在 ', ' 正 ', ' 正在 ' 와 시간 부사어의 결합양상

	순간성 시간 부사어	반복성 시간 부사어	지속성 시간 부사어
在	X	○	○
正	○	X	X
正在	○	X	X
着	X	○	○
了	○	X	X

위의 표를 정리하면 동작상 표지 '在'는 순간성 시간 부사어와 결합할 수 없고 반복성 시간 부사어와 지속성 시간 부사어와 결합할 수 있다. '正', '正在'는 '시점·비연속성' 특징을 가지고 있기 때문에 순간성 시간 부사어와만 결합할 수 있는 반면에 '在'는 '시단·연속성'의 특징을 가지고 있기 때문에 반복성 시간 부사어와 지속성 시간 부사어와 결합할 수 있다. '着'은 지속성의 자질을 지니고 있기 때문에 '在'와 같은 공기양상을 가지고 있다. 즉 '着'은 반복성 시간 부사어와 지속성 시간 부사어와 결합할 수 있다. 완료상 표지 '了'는 유계성을 가지고 있기 때문에 지속과 반복을 나타내는 반복성 시간 부사어와 지속성 시간 부사어와 결합할 수 없고 순간성 시간 부사어만 결합할 수 있다.

1.3. 부정

문장은 표현된 내용을 긍정하는 긍정문과 부정하는 부정문으로 나눌 수 있다. 고영근·구본관(2008)에서는 부정문은 부정소(否定素)라 불리는 요소를 가진다고 정의하였다. 부정소에는 부정의 의미를 갖는 부사 '아니(안)'나 '못', 부정서술어 '아니하다(않다)', '못하다', '말다', '아니다' 등이 포함된다.[1] 현대중국어에서 가장 많이 쓰이는 부정소는 '不'와 '没(有)'이다. 이 두 부정소는 모두 부정부사로써 동사나 형용사 앞에 놓여 동작이나 그 현상에 대한 부정적인 설명을 하는 것이다. '不'은 동작주의 주관적인 의도와 현재 혹은 미래에 발생되지 않은 동작을 부정하는 것이다. '没(有)'는 이와 달리 객관적인 서술과 과거에 끝난 동작을 부정한다. Lin(2003)에서는 '不'은 어떤 상

---

[1] 고영근 · 구본관(2008:333)참조.

황이 되기 위해 에너지의 투입을 필요로 하지 않는 상태의 부정에 쓰이고, '沒'은 사건①의 부정에 쓰인다고 하였다. 이은수(2008)에서는 Lin(2003)의 견해를 한 단계 더 보충하여 부정하고자 하는 상황의 시작점이나 종결점을 부각시키지 않으면 '不'을 사용하고 시작점이나 종결점을 부각시키려면 '沒'를 사용해야 한다고 지적하였다.②

앞서 긍정문에 나타나는 한국어 동작상 표지 '-고 있-'의 번역양상을 살펴보고 영향을 미칠 수 있는 요소를 밝혔는데 여기에서는 부정문에 나타나는 '-고 있-'은 어떤 중국어 동작상 표지로 번역되어 있는지, 부정이 과연 한국어 동작상 표지 '-고 있-'의 중국어 번역양상에 영향을 미칠 수 있는지, 또 어떻게 영향을 미칠 수 있는지를 살펴보겠다. 다음에는 중국어 동작상 표지 '在', '正', '正在', '着', '了'는 부정소와 어떤 결합양상을 가지고 있는지를 살펴보고자 한다.

① ' 在 '

高順全(2003)에서는 800백만 자의 중국어 코퍼스를 분석하여 중국어 진행상과 지속상의 부정 문제를 연구하였는데 '在'는 대응되는 부정형식이 없다고 지적하였다.③ 그리고 부정소 '不'은 어떤 상황이 되기 위해 외부 에너지의 투입을 필요로 하지 않는 상태의 부정에 쓰이기 때문에 상태동사와 결합할 수 없는 진행상 표지 '在'와 결합할 수 없다. '沒

---

① 사건(event)은 비정태적인 동사로, 상태동사를 제외한 나머지 동사에 해당한다.
② 이은수(2008:310)참조.
③ 또한 張雲彪(2011)에서는 중국어 진행상과 지속상은 동작의 진행과 상태의 지속을 나타내기 때문에 전형적인 부정형식이 없으며 있어도 대화중에 나타난다고 지적하였다. 본 연구에서는 신문텍스트를 연구 자료로 선정하였기 때문에 대화 형식의 문장은 분석 대상으로 삼지 않았다.

(有)'의 경우는 최규발·정지수(2006)에서 지적한 것처럼 경계성을 가지는 개체나 사건을 부정하기 때문에 경계성을 가지지 못한 '在'와 결합할수 없다. 다음에 예문을 통해서 '在'가 부정소 '不', '沒(有)'가 결합하는 양상을 살펴보고자 한다.

(45)

가: 那个人在吃点心。

그 사람이 과자를 먹고 있다.

나: ?那个人没在吃点心。

그 사람이 과자를 먹고 있지 않다.

다: *那个人不在吃点心。

그 사람이 과자를 먹고 있지 않다.

위의 예문 (나), (다)를 통하여 알 수 있듯이 중국어의 부정소 '不', '沒(有)'를 사용한 부정문에서 진행상 표지 '在'가 사용되기 어렵다. 위의 예문은 高順全(2003)과 張雲彪(2011)의 견해를 뒷받침한다. 즉, 중국어 진행상 표지 '在'는 전형적인 부정 형식이 없으며 '不'과 '沒(有)'와 결합할수 없다.

② '正'

'正'은 진행상 표지로서 '在'와 비슷한 공기양상을 가지고 있다. 부정소 '不'은 상태를 나타낼 때만 쓰일 수 있어서 사건과 결합한 진행상 표지 '正'과 결합할 수 없다. '正'은 진행상 표지로서 경계성을 요구하는 부정소 '沒(有)'와 결합할 수 없다. 叶舍香(2013)에서도 '正'은 부정소 '不', '沒(有)'와 결합할 수 없다고 지적하였다. 다음의 예문을 통해서 '正'은 부정소 '沒(有)', '不'과 어떤 결합양상을 가지고 있는지를 살펴보고자 한다.

(46)

가: 同学们正上课呢。

학생들이 수업을 하고 있다.

나: *同学们不正上课呢。

학생들이 수업을 하고 있지 않다.

다: *同学们没正上课呢。

학생들이 수업을 하고 있지 않다.

위의 예문은 진행상 표지 '正'과 부정소가 같이 나타나는 문장이다. 예문 (나)과 예문 (다)를 보면 진행상 표지 '正'과 부정소 '不' 또는 '沒'이 결합하면 비문이 된다. 이런 현상을 통해서 진행상 표지 '正'은 부정소 '不', '沒(有)'와 같이 쓰일 수 없다는 것을 알 수 있다.

③ ' 正在 '

《现代汉语八百词》에서 진행상 표지 '正在'는 부정소 '不', '沒(有)'와 결합할 수 없다고 지적하였다. 尚来彬(2005), 李薇(2010)에서도 '正在'는 부

정소 '不', '沒(有)'와 결합할 수 없다고 지적하였다. 진행상 표지 '正在'는 동작의 진행을 나타내는 것이기 때문에 동작의 시작점이 있어야 한다. '不'은 현재 혹은 미래에 실현되지 않은 동작을 부정하는 것이기 때문에 '正在'와 모순이 있다. 앞서 서술한 것과 같이 진행상 표지는 경계성을 지니지 못하기 때문에 경계성을 요구하는 '沒(有)'와 결합할 수 없다. 다음 예문을 통해 좀 더 자세히 살펴보자.

(47)

가: 我们正在学习。

우리는 공부하고 있다.

나: *我们不正在学习。

우리는 공부하고 있지 않다.

다: *我们没正在学习。

우리는 공부하고 있지 않다.

예문에 사용된 '學習'은 '正在'와 결합해서 공부하는 동작이 진행되고 있음을 나타낸다. (나)과 (다)는 '正在'와 부정소 '不'과 '沒(有)'같이 나타나는 문장인데 모두 비문이다. 위의 예문을 통해서 '正在'는 부정소 '不', '沒(有)'와 함께 사용될 수 없음을 알 수 있다.

④ '着'

중국어 동작상 표지 '着'은 진행상 표지 '在', '正在', '正'과 달리 동작의 진행을 나타낼 수 있을 뿐만 아니라 결과 상태의 지속도 나타낸다.
'着'은 '在', '正在', '正'과 다른 의미기능을 가지고 있기 때문에 부정소와
의 공기현상도 '在', '正在', '正'의 그것과 다르다. 최규발·정지수(2006)에
서는 동작의 진행을 나타내는 '着₂'은 부정소 '不', '沒(有)'와 결합할 수
없고 상태의 지속을 나타내는 '着₁'은 부정소 '沒(有)'와 결합할 수 있다
고 밝혔다. 다음의 예문을 통해서 '着'과 부정소와의 공기현상을 살펴보
고자한다.

(48)

가: 他喝<u>着</u>茶。
　　그 사람이 차를 마시고 있다.

나: *他<u>没喝着</u>茶。
　　그 사람이 차를 마시고 있지 않다.

다: *他<u>不喝着</u>茶。
　　그 사람이 차를 마시고 있지 않다.

라: 哲洙带<u>着</u>帽子。
　　철수는 모자를 쓰고 있다.

바: 哲洙<u>没(有)</u>带着帽子。
　　철수는 모자를 쓰고 있지 않다.

　마: *哲洙不带着帽子。

　　철수는 모자를 쓰고 있지 않다.

　예문 (나)를 통해서 동작의 진행을 나타내는 진행상 표지 '着₂'은 부정소 '没'과 공기할 수 없다는 것을 알 수 있다. 이와 달리 '着₁'이 사용된 (바)는 오류가 없다. '着₁'은 결과적 상태의 지속을 나타내며 결과 상태는 동작의 종료로 전제하므로 객관적인 사실과 과거에 끝난 동작을 부정하는 没(有)과 공기할 수 있다.

　⑤ '了'

　완료상 표지 '了'가 사용된 문장의 부정에는 일반적으로 '不'을 사용할 수 없다. Emst(1995)에서는 '不'은 상적으로 비경계(無界) 상황을 요구하기 때문에 경계성을 지니는 동작상 표지 '了'와 공기하지 못한다고 지적하였다.

　완료상 표지 '了'는 시작점과 종결점이 포함된 사건이나 상황을 전체 모습을 보여주므로 '了'가 나타내는 상황은 경계를 지니는 것으로 이해된다. 따라서 경계를 지을 수 없는 상황에 출현하는 '不'이 아닌 '没(有)'를 사용하여 '了'를 부정한다.

　(49)

　가: 我吃了一个苹果。

　　나는 사과 한 개를 먹었다.

　나: *我没吃(了)苹果

나는 사과를 먹지 않았다/안 먹었다.

다: *我<u>不吃了</u>苹果。

나는 사과를 먹지 않았다/안 먹었다.

위의 예문 (49)에서 볼 수 있듯이 완료상 표지 '了'를 부가한 문장의 부정문에는 '不'이 아닌 '沒(有)'가 사용된다. 그리고 부정된 이후에 '了'는 탈락한다. 최규발·정지수(2006)에서는 이를 '了'의 의미와 '沒'의 의미가 상충되기 때문이라고 설명하였다.

위의 분석을 정리하면 진행상 표지 '在', '正', '正在', '着₂'은 부정소 '不', '沒(有)'와 결합할 수 없다. 지속상 표지 '着₁'의 경우는 부정소 '沒(有)'와 공기할 수 있다. 완료상 표지 '了'는 '沒(有)'로 부정되며 부정된 이후 탈락한다.

....

2

....

통사적 요소에 따른 '-고 있-'의 중국 어 번역 양상

2.1 동사부류에 따른 '-고 있-'의 중국어 번역양상

2.1.1. 달성동사

이 절에서는 동작상 표지 '-고 있-'이 달성동사와 결합할 경우 어떤 중국어 동작상 표지로 번역되는지를 살펴보겠다. 본 연구에서는 동작상 표지 '-고 있-'을 진행상 표지 '-고₁ 있-'과 지속상 표지 '-고₂ 있-' 두 개로 나눠서 번역양상을 살펴보겠다.

	번역양상	상표지 실현 양상	횟수	비율 (%)
- 고₁ 있 -	상표지 실현	正在	18	31.6
		在	12	21.1
		正	6	10.5
		正在 + 着₂[①]	2	3.5
	상표지 부재	실현불가	11	19.3
	의역		8	14.0

---

① 번역양상에서 '正+着', '在+着', '正在+着'과 같이 두 개의 동작상 표지가 같이 사용

합계	57		100	
- 고₂ 있 -	번역양상	상표지 실현 양상	횟수	비율 (%)
	상표지 실현	了	156	14.0
		着₁	32	2.9
		在	10	0.9
		正	2	0.2
	상표지 부재	실현불가	671	60.2
	의역		243	21.8
합계	1114		100	

<표23> 달성동사와 결합한 '-고 있-'의 중국어 번역 양상

위의 표에서 '-고₁ 있-'과 '-고₂ 있-'이 신문텍스트에서 출현한 횟수를 보면 '-고₂ 있-'의 출현횟수는 1114회인데 반해 '-고₁ 있-'의 출현횟수는 57회에 그치는 것을 알 수 있다[①]. 달성동사는 앞에서 언급하였듯이 [-상태], [-지속], [+완성]의 의미적 특성을 가지고 있다. 한국어의 달성동사는 [+순간성]의 자질을 가지고 있기 때문에, 동사의 내부 단계를 가시화하여 동작의 진행을 표현하는 진행상과의 결합제약이 있다.

되는 현상도 나타났다. 左思民(1999)에서는 이런 현상을 동작상 표지의 중복이라고 지칭하였고 외층에 있는 동작상 표지는 내층에 있는 동작상 표지를 제약한다고 하였다. '正', '正在', '在'는 문장에서 외층(外层)에 위치하고 '着'은 문장에서 내층(內层)에 위치하기 때문에 '着'은 '正', '正在', '在'의 제약을 받고 전체 문장의 상적 특성은 외층(外层)에 위치한 '正', '正在', '在'가 결정한다고 지적하였다. 따라서 본 연구에서는 이런 동작상 표지가 중복 사용되는 경우를 '正', '正在', '在'의 범위로 분류하여 연구를 전개하고자 한다.

① 신문텍스트 중에 '-고, 있-'과 연결해서 같이 출현하는 문장은 대부분이 주어·목적어·부가어의 영향을 받기 때문에 '-고, 있-'과 결합하게 되는 것이다. 구체적인 내용은 Ⅲ장 앞부분에서 자세히 설명되어 있다.

달성동사에서는 예비단계를 지니는 이행동사만이 진행상 표지 '-고₁ 있-'과 결합할 수 있다. 위의 표와 같이 대부분의 달성동사가 지속상 표지 '-고₂ 있-'과 결합되고, 진행상 표지 '-고₁ 있-'과는 적게 결합되는 현상은 달성동사가 진행상 표지와의 결합 시 생기는 제약 때문으로 판단된다. 신문텍스트의 예문을 통해서 살펴보겠다.

(50)

가: 삼성의 혁신 노력은 개별 회사 차원을 넘어 세계 산업계에 불고 있는 신경영 모델을 상징하고 있기 때문이다.

나: 한국 국민은 현재의 위기 극복에 도움을 줄 수 있는 새로운 형태의 포용적 리더십(inclusive leadership)을 간절하게 원하고 있다.

예문 (가)의 '상징하다'는 '-고 있-'과 결합해서 결과단계를 가시화시키고 상태의 지속을 나타낸다. 예문 (나)의 '원하다'는 인식동사로서 '-고 있-'과 같이 결합해서 상태의 지속을 나타낸다. 위의 두 예문을 통해서 '-고 있-'이 달성동사와 결합할 때는 주로 결과 상태의 지속을 나타내는 것을 알 수 있다.

중국어의 경우, 달성동사는 동작상 표지 '在', '正', '正在', '着₂'과 결합할 수 없다. 위의 표에서 '-고₁ 있-'을 중국어로 번역할 때는 의역과 상표지 실현불가의 형태가 19회 나타났고, '-고₂ 있-'의 경우는 914회 나타났다. 이는 달성동사와 결합한 '-고 있-'을 중국어로 번역할 때 79.7%의 경우에 의역과 동작상 표지로 번역할 수 없는 것을 의미한다. 이 현상은 한국어와 달리 중국어 동작상 표지는 달성동사와 잘 결합할 수 없는 것을 증명할 수 있다.

달성동사가 '-고₁ 있-'과 결합한 경우에는 주로 중국어 동작상 표지 '正在', '在', '正'으로 번역되어 있다. 한국어의 경우는 주어, 목적어, 시간 부가어 등 다른 요소의 영향을 받아서 '-고₁ 있-'과 결합해서 동작의 진행을 나타내는데 중국어의 경우도 달성동사가 이런 요소의 영향을 받아서 진행상 표지 '在', '正', '正在'와 결합하게 되는 것이다.

달성동사가 '-고₂ 있-'과 결합하는 경우에는 주로 중국어 동작상 표지 '了'와 '着₁'으로 많이 번역되어 있다. '了'로 번역된 경우는 156회로 제일 높은 빈도로 나타났고, '着₁'으로 번역된 경우는 32회이며 2위로 나타났다. 이러한 현상은 중국어 동작상 표지 '了'와 '着₁'이 달성동사와 결합할 수 있다는 것을 보여준다.

(51)

가: 화장품 브랜드가 즐비한 매장 한가운데 4.5m 높이의 대형 회전 그네가 당당히 자리를 <u>차지하고 있었다</u>.

　　在化妆品品牌林立的卖场中间，4.5米高的大型旋转木马堂堂正正地<u>占据着</u>那个位置。

나: 그는 상원 군사위원회 전략군사소위원장도 <u>맡고 있다</u>.

　　他还<u>担任着</u>参议院军事委员会战略军事小组委员长。

예문 (51)에서의 '占据', '担任'은 '着₁'과 결합해서 결과 상태가 지속되어 있음을 나타낸다. 예문 (가)에서 '자리를 잡다'의 동작이 순간적으로 실현되고 자리를 잡은 상태의 지속을 나타낸다. 예문 (나)에서 '직위를 맡다'의 행위는 순간적으로 끝나고 어떤 직위를 맡고 있는 상태가 지속되고 있음을 나타낸다.

여기에서 주목할 만한 것은 바로 '-고 있-'을 중국어 동작상 표지 '了'로 번역하는 경우이다. 金立鑫(2002)에서는 결합하는 동사분류에 따라 '了'의 의미가 다르며 非持續動詞(비지속성동사)와 결합할 때 '實現-狀態延續'(실현-상태연속)의 의미를 가지고 있다고 주장하였다. 여기에서의 비지속성동사는 한국어의 순간동사와 달성동사에 해당한다. 즉 달성동사와 결합할 때 '了'는 동작이 실현되어 대상의 상태가 변화되고 변화된 상태가 지속되는 의미적 특성을 나타낸다. 표<23>에서 '-고₂ 있-'을 중국어 동작상 표지 '了'로 번역하는 경우가 156회 나타난 현상을 통해 위의 견해를 설명할 수 있다.

(52)
가: 이런 저런 문제로 이 나라가 마침내 지역 맹주로의 이(齒牙)를 드러내고 있다.

　　由于各种问题，这个国家终于亮出了其地区盟主的獠牙。

나: 한국은 현재 32국과 협정을 맺고 있다.
　　目前韩国已与 32 个国家签订了该协定。

예문 (가)와 예문 (나)는 달성동사가 '-고 있-'과 결합한 경우이다. 위의 두 예문에서의 '-고 있-'은 달성동사와 결합하여 결과단계를 가시화하며 결과 상태의 지속을 나타내고 있다. 이런 경우는 보통 중국어 지속상 표지 '着₁'으로 번역되는데 여기에서는 완료상 표지 '了'로 번역되고 있다. 이런 경우는 金立鑫(2002)의 견해로 설명이 가능하다. 위의 예문은 '-고 있-'을 중국어 동작상 표지 '了'로 번역한 예문이다. 예문 (가)에서 달성동사가 '了'와 결합해서 이를 드러내는 동작이 이미 실현되고 이에 대한 결과의 상태가 지속되고 있다. 예문 (나)의 경우는 '了'와 결합해서 협정을 맺는 행위가 이미 실현되고 협정을 맺은 결과 상태가 지속되고 있다.

2.1.2. 행위동사

행위동사는 [+동태성], [+지속성], [-완성성]의 자질을 지니고 있기 때문에 진행상 표지 '-고₁ 있-'과 결합하여 동작의 진행을 나타낼 수 있는 반면, 지속상 표지 '-고₂ 있-'과는 결합할 수 없다. 다음에서는 신문 텍스트에서 '-고 있-'이 행위동사와 어떻게 결합되어 있는지, 동작상 표지 '-고 있-'이 행위동사와 결합한 경우 중국어로 번역할 때 어떤 중국어 동작상 표지로 번역되고 있는지를 살펴보겠다.

<표 24> 행위동사와 결합한 '- 고 있 -' 의 중국어 번역 양상

	번역양상	상표지 실현 양상	횟수	비율 (%)
- 고₁ 있 -	상표지 실현	正在	199	21.3
		在	84	9.0
		着₂	63	6.7
		了	46	4.9
		正	25	2.7
		在 + 着₂	6	0.6
		正 + 着₂	2	0.2
		正在 + 着₂	2	0.2
	상표지 부재		342	36.6
	의역		165	17.7
합계	934			100
- 고₂ 있 -	번역양상	상표지 실현 양상	횟수	비율 (%)
	상표지 부재		21	100
합계	21			100

<표24>에서는 행위동사와 결합한 '-고 있-'이 955회로 나타났고, 그 중 진행상 '-고₁ 있-'과 결합한 경우가 934회, 지속상 '-고₂ 있-'과 결합한 경우가 21회 나타났다. 행위동사와 결합한 '-고 있-'의 97.8%가 진행상 표지 '-고₁ 있-'과 결합한 양상을 통해서 행위동사와 지속상 표지 '고₂ 있-'과의 결합에 제약이 있음을 알 수 있다[①]. 다음의 신문텍스트에 나온

---

① 신문텍스트에서 행위동사와 '-고₂ 있-'이 결합되는 문장은 대부분 부정문이거나 부가어의 영향을 받은 문장이다. 행위동사의 동작류 특성에 따라 원칙적으로 '-고₂ 있-'과 결합할 수 없지만 문장 안에 부정소가 있거나 특정 부가어가 있는 경우는 결합이 가능하다.

예문을 통해서 살펴보겠다.

(53)

가: 실제로 A국은 관영 매체 등을 통해 지도자의 군부대 수산사업소 방문을 대대적으로 <u>선전하고 있다</u>.

나: CJ제일제당이 중국의 대형 바이오 기업인 메이화성우(梅花生物) 인수 를 <u>추진하고 있다</u>.

예문에서 '선전하다', '추진하다'는 행위동사로서 [+동태성], [+지속성]의 자질을 지니기 때문에 진행상 표지 '-고₁ 있-'과 결합해서 동사의 내부단계를 가시화시키고 동작의 진행을 나타낸다.

행위동사가 진행상 표지 '-고₁ 있-'과 결합하는 경우에는 주로 중국어 동작상 표자 '正在', '在', '着₂ ', '了', '正'으로 번역되어 있다. 행위동사와 중국어 동작상 표지의 결합양상을 보면 중국어 진행상 표지 '正在', '在', '着₂ ', '正'은 '자세동사와만 결합제약을 가지고 있고 대부분 행위동사와 결합할 수 있다. 신문텍스트에서 행위동사와 결합한 '-고 있-'의 번역양상을 통해서 행위동사와 중국어 동작상 표지의 결합양상을 실증적인 증거를 찾아낼 수 있다.

(54)

가: 구글은 프랑스, 영국, 인도 등 글로벌 유력 이동통신사들과도 <u>협의하고 있다</u>.

谷歌目前还在与法国、英国、印度等全球知名移动通信公司进行<u>协商</u>。

나: 비보이로 <u>활동하고 있</u>는 국내의 전문 춤꾼은 1000여 명으로 추산된다.

　　目前以 B- boy <u>在活动</u>的韩国国内的专业舞者大概有 1000 多名。

다: 또 내년 상반기(1~6월) 중 필리핀 등 동남아 시장 진출을 위해 현지 파트너 사를 <u>찾고 있다</u>.

　　另外，为了在明年上半年（1~6 月）进军菲律宾等东南亚市场，<u>正在积极寻找</u>当地合作伙伴公司。

라: 샤오미는 삼성을 비롯해 LG 등 국내 기업과 부품 분야에서 협력을 <u>강화하고 있다</u>.

　　小米<u>正在加强</u>和三星、LG 等韩国企业在零部件领域的合作。

마: 워커힐은 2001년부터 인천공항 면세구역 내 환승호텔을 <u>운영하고 있다</u>.

　　华克山庄从 2001 年开始在仁川机场免税区域内<u>经营着</u>换乘酒店。

바: 구글은 정부의 규제로 기능을 대폭 축소한 한국판 구글 맵 서비스를 <u>제공하고 있다</u>.

　　因政府的管制谷歌目前<u>提供着</u>功能大幅缩减的韩国版谷歌地图。

사: EYL은 현재 미국, 일본, 중동 등 해외 시장 진출을 <u>준비하고 있</u>

다.

> EYL 目前正准备进军美国、日本、中东等海外市场。

아: 왕이 외교부장은 2014년 1월 아프리카 남수단의 내전(內戰)에 대해 "정부군과 반군 사이에서 중재 노력을 하고 있다"고 했다.

> 2014年1月，外交部长王毅就非洲南苏丹内战一事说："我们正努力在政府军和反政府武装之间进行斡旋。

위의 예문은 '-고 있-'이 중국어 동작상 표지 '在', '正在', '着₂ ', '正'으로 번역된 것이다. 예문 (가)와 (나)에서 '-고 있-'은 행위동사 '활동하다', '협의하다'와 결합해서 내부단계를 가시화하여 동작의 진행을 나타낸다. 중국어 번역문에서는 '-고 있-'이 중국어 진행상 표지 '在'로 번역되었으며 동작의 진행을 나타내고 있다. 실제 신문텍스트에서 행위동사와 결합된 '-고 있-'을 중국어 진행상 표지 '在'로 번역한 경우는 83회로 나타났으며 9%의 비율을 차지하고 있다.

예문 (다)와 (라)에서 '-고 있-'은 행위동사 '찾다', '강화하다'와 결합해서 동작의 진행을 나타내며 중국어 번역문에서도 진행상 표지 '正在'로 번역하여 행위동사 '寻找', '加强'과 결합하여 동작의 진행을 나타낸다. 실제 신문텍스트에서도 행위동사와 결합한 '-고 있-'은 '正在'로 번역한 경우가 198회로 나타나며 제일 높은 비중인 21.5%를 차지하고 있다.

예문 (마)와 (바)에 '-고 있-'은 행위동사 '운영하다', '제공하다'와 결합해서 동작이 진행 중에 있음을 나타낸다. 중국어 번역문에서는 '-고 있-'이 진행상 표지 '着₂ '으로 번역되며 '运营', '提供'과 결합해서 동작이 진행되고 있음을 나타낸다. 실제 신문텍스트 중에 '-고 있-'을

'着₂'으로 번역한 경우가 62회로 나타나며 6.7%의 비중을 차지하고 있다.

예문 (사)와 (아)에 '-고 있-'은 행위동사 '준비하다'와 '노력하다'와 결합해서 동작의 진행을 나타낸다. 중국어 번역문에서는 진행을 나타내는 '-고 있-'을 중국어 진행상 표지 '正'으로 번역을 하며 동작의 진행을 나타내었다. 실제 신문텍스트에서 행위동사와 결합한 '-고 있-'을 '正'으로 번역한 경우가 24회로 '在', '正在', '着₂'보다 적은 비율로 나타났다.

여기에서 주목할 만한 현상은 바로 행위동사와 결합한 진행상 표지 '-고₁ 있-'이 중국어 동작상 표지 '了'로 번역된 경우가 많이 나타난다는 것이다. 앞서 언급한 金立鑫(2002)의 주장대로 강지속성동사가 '了'와 결합해서 '實現-行爲延續'(실현-행위연속)의 의미적 특성을 나타내고 있다. 즉 강지속성동사가 '了'와 결합되면 동작이 실현된 후 계속 지속되는 의미를 나타낸다는 것이다. 중국어의 강지속동사는 한국어의 행위동사에 해당하기 때문에 행위동사가 '了'와 결합해서 '實現-行爲延續'(실현-행위연속)의 의미를 나타낸다. 다시 말하면 '了'는 완료상 표지이지만 '동작이 지속되고 있는' 의미도 나타낼 수 있다는 것이다. 신문텍스트에서 나온 예문들을 통해서 살펴보겠다.

(55)

가: 신젠타 인수를 눈앞에 둔 중국화공은 최근 몇 년 사이 해외에서 잇따라 기업을 사들이며 차이나머니 파워를 <u>과시하고 있다</u>.

即将收购先正达的中国化工, 最近几年间陆续出手收购海外企业, <u>展示了</u>中国资金的力量。

나: 이 소식통은 '평양과 평안도, 황해도 등 서해안 지역의 도시들이 이런 해상 무역에 <u>참가하고 있다</u>'고 전했다.

　　該消息人士称：“平壤、平安道、黄海道等西海岸地区的城市均 <u>参与了</u>类似的海上贸易。

예문 중에 '展示', '参与'는 행위동사인데, '了'와 결합하여 동작이 실현된 후 그 동작이 계속 지속되고 있음을 의미한다. '파워를 과시하다', '무역에 참가하다'의 동작이 실현된 후에 그 행위가 끝나는 것이 아니라 '과시하는 행위'와 '무역을 참가하는 행위'가 계속 지속되고 있는 것이다. 실제 신문텍스트에서 행위동사와 결합한 '-고 있-'을 중국어 완료상 표지 '了'로 번역한 경우는 45회가 나타났다. 이런 현상을 통해 완료상 표지 '了'는 행위동사와 결합할 때 동작의 연속을 나타낼 수 있다는 것이 증명 가능하다.

'-고₂ 있-'이 행위동사와 결합한 경우의 중국어 번역양상을 보면 중국어 동작상 표지로 번역된 경우는 없다. 이 현상을 통해서 중국어 진행상 표지 '正在', '在', '着₂', '正'은 행위동사와 결합해서 상태의 지속을 나타낼 수 없다는 것을 알 수 있다. '了'는 행위동사와 결합할 수 있는데 행위동사와 결합할 때는 '實現-行爲延續'(실현-행위연속)의 의미를 나타내며, 상태의 지속을 나타낼 수 없다. 따라서 행위동사가 지속상 표지 '-고₂ 있-'과 결합한 경우에 '了'로 번역한 경우가 없는 것이다.

2.1.3. 완수동사

완수동사는 [+동태성], [+지속성], [+완성성]의 자질을 지니고 있기 때문에 내부단계와 결과단계를 가지고 있다. 대부분 완수동사는 진행상 표지와 결합해서는 내부단계를 가시화하여 동작의 진행을 나타내고, 지속상 표지와 결합해서는 결과단계를 가시화하여 결과 상태의 지속을 나타낸다. 한국어의 경우는 대부분의 완수동사가 '-고₁ 있-', '-고₂ 있-' 모두와 결합할 수 있는데, 완수동사 중 변화동사는 지속상 표지 '-고₂ 있-'과 결합할 수 없다. 중국어의 경우는 착용동사만 진행상 표지와 결합할 수 없고 일반적인 완수동사와 변화동사는 진행상 표지 '在', '正', '正在', '着₂'와 결합할 수 있다. 그리고 대부분 완수동사는 완료상 표지 '了', 지속상 표지 '着₁'과 결합할 수 있는데 변화동사는 지속상 표지 '着₁'과는 결합할 수 없다. 완수동사와 동작상 표지의 결합양상에서 중국어와 한국어는 다른 양상을 가지고 있는데 이런 차이로 인해 '-고 있-'의 중국어로 번역 양상이 어떻게 달라지는지 다음의 번역양상을 통해서 분석하고자 한다.

< 표 25> 완수동사와 결합한 '- 고 있 -' 의 중국어 번역 양상

	번역양상	상표지 실현 양상	횟수	비율 (%)
- 고₁ 있 -	상표지 실현	正在	68	26.8
		在	23	9.1
		正	11	4.3
		着₂	2	0.8
	상표지 부재	실현불가	94	37.2
	의역		55	21.7
합계	253			100
	번역양상	상표지 실현 양상	횟수	비율 (%)
- 고₂ 있 -	상표지 실현	了	6	5.8
		着₁	4	3.8
	상표지 부재	실현불가	66	63.5
	의역		28	26.9
합계	104			100

위의 표를 살펴보면, 신문텍스트에서 '-고₁ 있-'과 결합한 경우는 253회, '-고₂ 있-'과 결합한 경우는 104회로 나타났다. 완수동사는 결과단계와 내부단계를 모두 갖기 때문에 '-고₁ 있-', '-고₂ 있-' 모두와 결합할 수 있는데, 완수동사 중에서 변화동사가 '-고₂ 있-'과 결합할 수 없기 때문에 신문텍스트에서 완수동사가 '-고₂ 있-'과 결합한 경우는 '-고₁ 있-'과 결합한 경우보다 적게 나왔다.

완수동사와 결합한 '-고₁ 있-'은 주로 중국어 동작상 표지 '正在', '在', '正', '着₂ '으로 다양하게 번역되고 있다. 왜냐하면 중국어 진행상 표지 '正在', '在', '正', '着₂ '은 완수동사와 제약 없이 자유롭게 결합할 수 있기 때문이다.

(56)

가: 이야기의 완성도가 <u>높아지고 있다</u>.

故事的完成度<u>在提高</u>。

나: 6일 SBS와 한겨레신문은 "박 대통령이 세월호 참사 당시 전속 미용사를 불러 머리를 <u>손질하고 있었다</u>"고 보도했다.

6日 SBS 电视台与《韩民族新闻》报道称："朴槿惠总统在世越号惨事发生当时，叫来专属美发师<u>在做发型</u>"。

다: 한·미·일이 상호 보완적인 독자 대북(對北) 제재안을 <u>만들고 있는</u> 것으로 12일 알려졌다.

12日获悉，韩美日<u>正在制定</u>相互补充的单独对朝制裁方案。

라: '브렉시트(Brexit)'와 기업 구조조정 등으로 국내외 경제의 불확실성이 <u>커지고 있다</u>.

受"英国脱欧"和企业结构调整等因素的影响，韩国国内外经济的不确定性<u>正在加大</u>。

마: 유학을 마치고 한국에 정착한 중국인 젊은이들도 자양동 주변에 <u>몰리고 있다</u>.

留学结束后留在韩国的很多中国年轻人<u>也正聚集</u>在紫阳洞。

바: 아시아인 관객은 많지 않지만 아시아 음악인의 존재감은 <u>커지고 있어요</u>.

虽然亚洲观众不多，但亚洲音乐人的存在感<u>正变得越来越大</u>。

사: 그렇지 않아도 미국의 대한(對韓) 정책은 시대 흐름과 더불어 <u>변모하고 있다</u>.

即使特朗普没有当选，美国对韩政策也在随着时代的变化而<u>变化着</u>.

위의 예문은 실제 신문텍스트에서의 완수동사와 결합한 '-고 있-'의 예문이다. 예문 (가)와 (나)의 '높아지다', '손질하다'는 완수동사에 해당하고 '-고 있-'과 결합해서 동작의 진행을 나타낸다. 따라서 중국어 번역문에서는 '-고 있-'을 중국어 진행상 표지 '在'로 번역하며 '提高', '做发型'과 결합하여 완성도가 높아지는 동작과 머리를 손질하는 동작이 진행되고 있음을 나타낸다. 위의 표를 통해서 알 수 있듯이 완수동사와 결합한 '-고 있-'을 중국어 진행상 표지 '在'로 번역한 경우는 23회로 나타나고 9.1%의 비중을 차지하고 있다.

예문 (다)과 (라)는 완수동사와 결합한 '-고 있-'을 중국어 진행상 표지 '正在'로 번역한 예문이다. 한국어 예문에서 완수동사 '만들다', '커지다'는 '-고 있-'과 결합해서 제재안을 만드는 동작과 가능성이 커지는 상황이 진행 중에 있음을 나타낸다. 진행을 표현하기 위해 중국어로 번역할 때 중국어 진행상 표지 '正在'로 번역하며 '制定', '加大'와 결합해서 동작과 상황의 진행을 나타낸다. 위의 표를 통해서 완수동사와 결합한 '-고 있-'을 중국어 진행상 표지 '正在'로 번역한 경우는 68회로 나타나며 제일 높은 비중을 차지하고 있다.

예문 (마)와 (바)는 완수동사와 결합한 '-고 있-'을 중국어 진행상 표지 '正'으로 번역한 예문이다. 한국어 예문에서 '-고 있-'은 완수동사 '커지다', '몰리다'와 결합해서 동작이 진행 중에 있음을 나타내었다. 이런 의미를 표현하기 위해서 중국어 번역문에서는 '-고 있-'을 중국어 진행상 표지 '正'으로 번역하여 '聚集', '变大'와 결합해서 동작이나 상황이 진행되고 있음을 나타낸다. 본 연구에서 수집한 자료 중에 '-고 있-'을 중국어 진행상 표지 '正'으로 번역한 경우는 11번 나타났다.

예문 (사)는 완수동사와 결합한 '-고 있-'을 중국어 진행상 표지 '着₂'으로 번역한 예문이다. 한국어 예문에서 완수동사 '변모하다'와 결합해서 정책이 변모하는 상황이 진행되고 있음을 나타낸다. 따라서 중국어 예문에서 이런 의미를 표현하기 위해 '-고 있-'을 중국어 진행상 표지 '着₂'으로 번역하며 '變化'와 결합해서 동작의 진행을 나타낸다.

완수동사와 결합한 '-고₂ 있-'의 경우는 주로 중국어 동작상 표지 '了', '着₁'으로 번역되어 있다. '着₁'은 중국어의 지속상 표지로서 변화동사를 제외한 대부분의 완수동사와 결합할 수 있다. 신문텍스트에서 완수동사와 결합해서 상태의 지속을 나타낸 '고₂ 있-'을 '着₁'으로 번역하고 있는 것을 통해 이를 증명할 수 있다. 여기에서 주의할 만한 현상은 지속상 표지 '-고₂ 있-'이 중국어 완료상 표지 '了'로 번역된 경우이다. 앞에서 서술한 것과 같이 金立鑫(2002)에서는 완수동사와 결합할 때 '了'는 '實現-完結'(실현-완결)의 의미를 가지고 동작이 실현되고 완료됨을 나타낸다고 주장하였다. 따라서 이론적으로 완수동사와 결합한 '-고₂ 있-'은 중국어 동작상 표지 '了'로 번역할 수 없다. 그런데 金立鑫(2002)에서는 완수동사와 결합한 경우에 문장 앞부분에서 장소 명사가 나타나면 '了'의 의미가 '實現-狀態延續'(실현-상태연속)의 의미를 가지게 될 수 있다고 하였다. 따라서 다른 부가어가 첨가될 경우에 지속상 표지 '-고₂ 있-'은 중국어 완료상 표지 '了'로 번역할 수 있다. 다음의 실제 신문텍스트에서 나온 예문을 통해서 설명하도록 하겠다.

(57)

가: 당시 광화문광장 주변에는 2시로 예정된 고(故) 백남기씨의 영결식을 위해 조문 행렬이 <u>몰려들고 있었다.</u>

当时光化门周边<u>聚集着</u>参与下午 2 点的白南基遗体告别仪式的吊唁队伍。

나: 터키 축구선수 세파 보이다시 씨는 "총소리를 듣자마자 하이힐을 <u>신고 있던</u> 여자 친구를 등에 업고 달렸다"고 트위터에 적었다.

土耳其足球选手赛帕·博伊达西在推特上写道: "一听到枪声, 我赶紧背着脚<u>上穿着</u>高跟鞋的女朋友跑了。"

다: 귀뚜라미는 지진으로 인한 2차 사고를 막기 위해 국내에서는 유일하게 20년 전부터 보일러에 지진감지기와 가스누출 탐지기를 <u>장착하 고 있다.</u>

蟋蟀公司为了防止因地震引发的二次事故, 从 20 年前开始在韩国国内唯一在锅炉上<u>安装了</u>地震感应器和煤气泄漏探测器。

라: 로비에는 기자들이 <u>진을 치고 있어</u> 로비에 누가 들어서는지, 몇 층으로 향하는지, 트럼프를 만났는지 등이 실시간으로 알려진다.

记者在门厅里<u>摆开了</u>阵势, 因此谁进了门厅、去往几层、是否面见特朗普, 第一时间就被传开。

예문 (가), (나)는 완수동사와 결합한 '-고 있-'을 중국어 지속상 표지 '着₁'으로 번역한 경우이다. 예문 (다), (라)는 '-고 있-'을 중국어 완료상 표지 '了'로 번역한 예문이다.

예문 (가)의 '-고 있-'은 완수동사 '몰려들다'와 결합해서 행렬이 몰려드는 결과 상태가 지속되고 있음을 나타낸다. 이런 상태의 지속을 표현하기 위해서 중국어 번역문에서는 '-고 있-'을 중국어 지속상 표지 '着₁'으로 번역하여 '聚集'과 결합하여 결과 상태의 지속을 나타내었다.

예문 (나)는 착용동사와 결합한 경우이다. 앞서 서술한 것과 같이 '-고 있-'은 착용동사와 결합할 때 상태의 지속을 나타낸다. 예문에서 '-고 있-'은 '신다'와 결합해서 사람이 하이힐을 신은 상태의 지속을 나타낸다. 중국어 번역문에서 '-고 있-'을 중국어 지속상 표지 '着₁'으로 번역하여 '穿'과 결합해서 상태의 지속을 나타냈다.

예문 (다)과 (라)는 완수동사와 결합한 '-고 있-'의 경우이다. 한국어 예문에 '-고 있-'은 '장착하다', '진을 치다'와 결합해서 결과 상태의 지속을 나타낸다. 중국어 번역문에서 장소를 나타내는 명사 '로비', '보일러'가 첨가되었기 때문에 '-고 있-'을 중국어 완료상 표지 '了'로 번역하여 결과 상태의 지속을 나타낸다.

2.1.4. 순간동사

순간동사는 [+동태성], [-지속성], [-완성성]의 자질을 지니고 있기 때문에 내부단계와 결과단계를 가지지 못한다. 이론적으로 순간동사는 내부단계를 가시화시키는 진행상 표지와 결과단계를 가시화시키는 지속상 표지와 결합할 수 없다. 앞서 서술한 바와 같이 순간동사는 진행상 표지와 결합해서 반복의 의미를 나타낸다. 중국어와 한국어는 이에 대해 똑같은 현상을 가지고 있다. 한국어에서는 순간동사와 '-고1 있-'이 결합해서 반복의 의미를 나타내고 중국어에서는 순간동사와 '正', '在', '正在', '着2'이 결합해서 반복의 의미를 나타낸다. '-고1 있-'과 달리 '-고2 있-'은 결과단계를 가지지 못한 순간동사와 결합할 수 없다. 중국어와 한국어는 순간동사와 결합할 때 비슷한 결합양상을 지닌다.

< 표 26> 순간동사와 결합한 '- 고 있 -'의 중국어 번역 양상

	번역양상	상표지 실현양상	횟수	비율 (%)
- 고1 있 -	상표지 실현	在	1	6.3
		正在	1	6.3
	상표지 부재	실현불가	4	23.5
	의역		11	62.5
합계	17			100
- 고2 있 -	상표지 부재	실현불가	1	100
합계	1			100

위의 통계를 통해서 신문텍스트에서 순간동사가 '-고 있-'과 결합하여 나타나는 경우는 드문 것을 알 수 있다. 진행상 표지 '-고1 있-'과 같이 출현하는 경우는 17회이고, 상태의 지속을 나타내는 '-고2 있-'과 같이 사용하는 경우는 1회밖에 없었다. 이러한 현상은 순간동사와 '-고 있-'의 결합양상을 객관적으로 증명할 수 있다. 다음에서 실제 신문텍스트에 나온 예문을 통해서 설명하겠다.

(58)

가: 그럼에도 트럼프의 승리는 한국에 풀어야 할 몇 가지의 중대한 과제를 던지고 있다.

나: 그랬던 야당이 박 대통령의 국회 추천 총리 제의도 무시하고 탄핵으로 돌아서더니 이젠 조기 퇴진 일정을 정해달라는 제의마저도 <u>걷어차 고 있다</u>.

예문 (가)의 '던지다'는 진행상 표지 '-고₁ 있-'과 결합해서 과제를 던지는 순간적인 동작이 진행되고 있음을 나타내고 있다. 순간동사는 본래 [-지속성]의 자질을 갖기 때문에 진행상 표지 '-고₁ 있-'과 결합할 수 없지만, 문장에 '몇 가지의'라는 부가어가 같이 사용되면서 '동작의 반복'이라는 의미가 발생되었으므로 '-고 있-'과 결합이 가능해졌다. 예문 (나)의 '걷어차다' 역시 '제의'에 조사 '마저+도'를 함께 사용하여 이전에 이미 선행된 다른 제의가 있음을 알 수 있고, 제의를 걷어차는 동작이 '-고₁ 있-'과 결합해서 제의를 걷어차는 동작이 여러 번 발생한 것을 나타낸다. 순간동사는 지속상 표지 '-고₂ 있'과는 결합할 수 없다.

위의 표를 보면 '-고₁ 있-'이 순간동사와 결합할 때 주로는 중국어 진행상 표지 '在', '正在'로 번역되어 있는 것을 알 수 있다. 실제 신문텍스트에서는 각 1회씩 나타났다. 다음에서 자세히 살펴보겠다.

(59)

가: 경찰과 목격자들에 따르면, 이날 오후 6시 20분쯤부터 "누군가 망치로 사람을 <u>때리고 있다</u>" "총소리가 났다"는 112 신고가 15 차례 접수됐다.

　据警察和目击者介绍，当天下午6点20分左右，112报警电话接到15起报案称："有人用锤子<u>在打人</u>""听到了枪声"。

나: 미국 뉴욕타임스는 수년 전부터 밥 딜런을 노벨 문학상 후보로
거론하면서 "그가 노벨상의 문을 <u>두드리고 있다</u>"고 표현했다.

　美国《纽约时报》从数年前开始就讨论将鲍勃·迪伦提名为诺贝
尔文学奖候选人一事，称"他<u>正在叩响诺贝尔奖之门</u>"。

　예문 (가)는 '-고 있-'이 순간동사와 결합해서 동작의 진행을 나타내
는 경우이다. 예문 (가) 중에 '打(때리다)'는 순간적으로 어떤 동작이 발
생한 동시에 끝나는 동사이기 때문에 내부단계가 없다. 여기에서 진행
상 표지 '在'와 결합해서 '때리다'의 순간적인 사건이 복합사건으로 변
하게 되었으며 내부단계를 형성하였다. 따라서 중국어 번역문에서는
'-고 있-'을 중국어 진행상 표지 '在'로 번역하여 '打'와 결합해서 동작의
진행을 나타낸다.

　예문 (나)는 '-고 있-'을 중국어 진행상 표지 '正在'로 번역한 경우이
다. 예문 (나) 중에 '叩响'(두드리다)의 동작은 순간적으로 이루어지지
만 동작이 한번으로 끝나지 않고 여러 번 반복되는 것을 의미하기 때
문에 전체적으로 보아서 동작의 진행으로 파악할 수 있다. 따라서 여
기에서 '正在'와 결합해서 노벨상의 문을 두드리는 동작을 반복적으로
발생한 것임을 나타낸다.

　순간동사와 결합한 '-고₂ 있-'은 중국어 상표지로 번역되어 있지 않
다. 중국어의 대표적인 지속상 표지는 '着₁'인데 여기에서는 '着₁'으로
번역된 경우가 없다. 이런 현상은 중국어 동작상 표지와 순간동사의
결합양상을 방증할 수 있다. 즉 '在', '正', '正在', '着', '了'는 순간동사와
결합해서 상태의 지속을 나타낼 수 없다.[①]

앞서 서술한 것과 같이 순간동사는 '了'와 결합해서 '實現-完結'(실현-완결)의 의미를 가지고 동작이 실현되고 완료됨을 나타낸다. 따라서 '了'는 순간동사와 결합할 때 동작의 진행과 상태의 지속의 의미를 나타낼 수 없다. 신문텍스트에서 순간동사와 결합한 '-고 있-'이 '了'로 번역되지 않은 것을 통해서 이런 결합양상을 설명할 수 있다.

2.2. 문장 성분에 따른 '-고 있-'의 중국어 번역양상

2.2.1. 주어

Ⅲ장에서는 주어가 복수로 될 때 동사의 상적 특성이 달라지며 동작상 표지와의 결합양상도 달라지는 것을 살펴봤다. 한국어의 경우 순간동사와 달성동사는 주어 복수화의 영향을 받아서 행위동사로 파생되며 '-고 있-'과 결합해서 동작의 진행을 나타낸다. 주어가 단수일 때 달성동사는 [+동태성], [-지속성], [+완성성]의 의미자질을 지니고 있기 때문에 '-고 있-'과 결합해서 결과단계를 가시화하여 결과상태의 지속을 나타낼 수 있다. 주어가 복수화되며 달성동사는 행위동사로 파생되어 내부단계를 가지게 되고, '-고 있-'과 결합해서 동작의 진행을 나타낸다. 순간동사도 주어가 복수화되며 행위동사로 파생하여 '-고 있-'과 결합해서 동작이 반복적으로 진행되고 있음을 나타낸다.

중국어의 경우에도 한국어와 같은 양상을 보인다. 주어가 복수화되면 달성동사와 순간동사는 행위동사로 파생된다. 이에 따라 복수화 주어와 결합한 달성동사와 순간동사는 중국어 동작상 표지와의 결합양

---

① 실제 신문텍스트 병렬말뭉치에서 순간동사의 예문이 적게라도 나온 경우가 존재하므로 보편성이 없을 수도 있지만 이런 현상을 통해서 중국어 동작상 표지가 순간동사와 결합할 수 없는 것을 어느 정도 설명할 수 있다.

상도 달라진다. 달성동사는 주어가 단수일 때 중국어 진행상 표지 '在', '正', '正在', '着₂'과 결합할 수 없고 지속상 표지 '着₁'과 완료상 표지 '了'와 결합할 수 있다. 주어 복수화의 영향을 받아서 행위동사로 파생 된 후에 동작의 진행을 나타나기 때문에 진행상 표지 '在', '正', '正在', '着₂'과 결합할 수 있게 변하고 지속상 표지 '着₁'과 결합할 수 없게 된 다.

본 연구가 수집한 신문텍스트 병렬말뭉치에서 달성동사와 결합한 '-고 있-'의 중국어 번역양상은 중국어 진행상 표지 '正在'는 20회, '在'는 12회, '正'은 9회로 나타났다. 아래에서 주어의 복수화 때문에 '-고 있-'이 중국어 진행상 표지로 번역되는 예문이 있는지를 살펴보도록 하겠다.

(60)

가: 과거 과잉 투자가 이뤄진 미국의 제조 업종에서 <u>많은 노동자가</u> <u>일자리를 잃고 있습니다.</u>

在过去的投资过剩的美国制造行业中，<u>很多劳动者在失去工作</u>。

나: 글로벌타임스는 또 "북한산 석탄을 수입하는 <u>무역상들</u> 상당수 가 새 대북 제재 결의안 여파로 문을 닫거나 <u>영향을 받고 있다</u>"고 전했 다.

《环球时报》还说："从朝鲜进口煤炭的<u>贸易商们</u>，大部分受对朝 制裁新决议案影响而关门，或依然<u>在承受影响</u>。

다: 료칸 등 숙박시설에 대한 투자가 활발해지면서 중국의 부동산

자산가들은 일본에서 '큰손'으로 떠오르고 있다.

随着对旅馆等住宿设施的投资越来越活跃，中国房地产资本家们
正在成为日本的"土豪"。

라: 파이낸셜타임스는 28일 '한국 대통령은 나라를 최우선으로 여겨
야 한다'는 사설에서 "박 대통령을 둘러싼 스캔들이 한국에 헤아리기
힘든 피해를 끼치고 있다"라고 논평했다.

《金融时报》28日在题为《韩国总统必须优先考虑国家》的社论
中评论说：“围绕朴总统的丑闻，正在给韩国带来无以计数的损失。”

마: 패션잡지 보그는 "이들은 자신을 있는 그대로 사랑하고 마음이
이끄는 대로 자유롭게 살자는 메시지를 주고 있다"고 해석했다.

时尚杂志《Vogue》对此表示，“她们正传递一种如实地爱自己并
遵从自己的内心自由生活的讯息。”

위의 예문은 달성동사와 결합한 '-고 있-'이 주어 복수화의 영향을 받
아서 중국어 진행상 표지 '在', '正在', '正'으로 번역된 예문이다. 예문
(가), (나)에 주어가 단수일 때 '-고 있-'은 달성동사 '일자리를 잃다', '영
향을 받다'와 결합해서 일자리를 잃은 상태와 영향을 받은 상태의 지
속을 나타낸다. 예문 (가)의 주어는 '많은 노동자'로 복수이기 때문에
일자리를 잃은 동작이 여러 번 반복적으로 발생하는 것을 나타낸다.
예문 (나)의 주어는 '무역상들'로, 결의안의 영향을 받는 상황이 동시
에 여러 무역상들에게서 발생하고 있음을 나타내고 있다. 이런 의미를
표현하기 위해 중국어 번역문에서는 진행상 표지 '在', '正在', '正'으로

번역하여 주어의 복수화와 같이 작용하여 동작이 반복적으로 진행되고 있음을 나타낸다.

예문 (다), (라)는 달성동사와 결합한 '-고 있-'을 중국어 진행상 표지 '正在'로 번역한 예문이다. 예문 (다)에 '떠오르다'는 본래 [-지속성]의 의미자질을 지니고 있어 내부단계를 갖지 못하기 때문에 동작의 진행을 나타낼 수 없다. 주어가 단수일 때는 '-고₂ 있-'과 결합해서 결과 단계를 가시화하여 결과 상태의 지속을 나타내는데, 주어가 '자산가들'로 복수화가 될 경우 이런 상황이 여러 번 반복적으로 발생하여 [+지속성]을 지니게 된다. 따라서 진행상 표지 '-고₁ 있-'과 결합하여 '떠오르는' 동작이 반복적으로 진행되고 있음을 나타낸다.

예문 (라)도 복수화된 주어가 '-고 있-'과 결합하여 동작이나 상황의 진행을 나타내고 있다. 중국어 번역문에서도 이런 진행의 의미를 나타내기 위해서 주어가 복수화 된 예문에서 '-고 있-'이 진행상 표지 '正在'로 번역되어 '帶來'와 결합해서 동작이나 상황이 여러 번 반복적으로 진행되고 있는 것을 나타내었다.

예문 (마)는 '-고 있-'을 중국어 진행상 표지 '正'으로 번역한 예문이다. 예문에서 '메시지를 주다'는 순간적으로 발생했다가 끝나는 순간동사이기 때문에 지속성의 자질을 갖지 못한다. 그런데 이 역시 주어가 복수화되면 메시지를 주는 동작이 반복적으로 발생하여 지속성의 자질을 가지게 되고 '-고 있-'과 결합해서 동작의 진행을 나타낼 수 있다. 중국어 번역문에서도 주어가 단수일 때, '傳遞'는 [-지속성]의 의미자질을 지니고 있기 때문에 진행상 표지 '正'과 결합할 수 없다. 주어가 복수로 되어 지속성을 지니게 되고 '正'을 사용해서 동작이 반복적으로 발생하는 것을 나타낸다.

이상으로 위의 예문들을 통해서 주어가 복수화가 되는 경우 '-고 있-'의 중국어 번역양상에도 영향을 끼치는 것을 확인할 수 있었다. 앞서 서술한 바와 같이 주어가 복수화의 영향을 받아서 달성동사가 행위동사로 파생되며 '-고 있-'과 결합해서는 동작의 진행을 나타낸다. 본 연구에서 구축한 병렬말뭉치 중 달성동사와 결합한 '-고 있-'의 중국어 번역양상은 중국어 진행상 표지 '正在' 20회, '在'는 12회, '正'은 9회로 나타났는데. 이 중에 주어가 복수로 나온 경우는 '正'은 1회, '在'는 7회, '正在'는 5회로 나타났다. 이런 현상을 통해서 파생된 행위동사와 결합한 동작상 표지 '-고 있-'은 주로 중국어 진행상 표지 '在', '正', '正在'로 번역되고 있다는 것을 알 수 있다[1].

2. 2. 2. 목적어

Ⅲ장에서 서술한 것과 같이 목적어의 양화로 인해 행위동사의 상적 특성은 바뀐다. 행위동사의 목적어 논항에서 비한정적인 양을 지닌 명사구가 한정적인 양을 지닌 명사구로 바뀌게 되면 행위동사가 [+완성성]의 의미자질을 지니게 되고 완수동사로 파생된다. 한국어의 경우는 동작상 표지 '-고 있-'은 파생된 완수동사와 결합해서 동작의 진행을 나타낸다. 중국어의 경우는 중국어 진행상 표지 '在', '正', '正在', '着'은 이런 파생된 완수동사와 결합할 수 없다. 따라서 파생된 완수동사와 결합한 동작상 표지 '-고ₗ 있-'은 중국어 진행상 표지 '在', '正', '正在', '着' 등으로 번역할 수 없다.

---

[1] 신문텍스트에서 순간동사가 주어의 복수화 때문에 행위동사로 파생된 경우는 나타나지 않았기 때문에 본고에서는 다루지 않기로 한다.

본 연구에서 수집한 병렬말뭉치에서 행위동사가 한정적인 목적어의 영향을 받아서 완수동사로 파생된 경우는 3회에 그쳤다. 다음으로 실제 신문텍스트에서 나온 예문을 통해서 한정적인 목적어가 한국어 동작상 표지 '-고 있-'의 중국어 번역양상에 미치는 영향을 살펴보고자 한다.

(61)

가: 그는 개신교계 국제기구인 굿네이버스에 2억 원을 기부해 아프리카탄자니아와 말라위에 산모들을 위한 보건소 <u>세 군데</u>를 <u>짓고 있다</u>.

她向改新教界国际机构 Good Neighbors 捐款 2 亿韩元（人民币 117 万元）, 为非洲坦桑尼亚与马拉维的产妇们<u>建造 3 所</u>保健所。

나 :나투나제도 인근에 대해서는 533조루피아(약 47조원)를 들여 잠수함 기지 <u>두 군데</u>를 <u>건설하고 있다</u>.

印尼在纳土纳群岛附近投入 533 万亿印尼卢比（约合 2665 亿元人民币）, 用来<u>建设两处</u>潜水艇基地。

다 :한진해운은 조 회장 사재와 최은영 유수홀딩스 회장(전 한진해운 회장)이 내놓은 100억 원을 합친 <u>500억</u> 원을 선박 하역작업 등에 서둘러 <u>투입하고 있다</u>.

韩进海运已把赵亮镐会长个人捐赠和有秀控股公司会长崔恩泳（音译）拿出的 100 亿韩元总共 <u>500 亿</u>韩元, 紧急<u>投到</u>船舶装卸作业上。

위의 예문은 한정적인 목적어의 영향을 받아서 행위동사가 완수동

사로 파생된 경우이다. 예문 (가)에 행위동사 '짓다'는 [-완성성]의 의미
자질을 지니고 있는데 한정적인 양을 표현하는 '세 군데'와 결합하여
한정성을 지니게 되는 목적어의 영향을 받아서 완수동사로 파생되었
다. 한국어 예문 중에서는 '-고 있-'과 결합하여 동작의 진행을 나타내
었는데 중국어 진행상 표지는 파생된 완수동사와 결합할 수 없기 때문
에 중국어 번역문에서는 번역이 되어 있지 않다.

　예문 (나)의 '건설하다'는 행위동사에 해당하고 예문 (가)와 같이 [-완
성성]의 의미자질을 가지고 있다. 예문 (나)에 목적어인 '잠수함 기
지'는 수량사 '두 군데'와 결합해서 한정적인 양을 지닌 명사구로 바뀌
기 때문에 행위동사 '건설하다'가 [+완성성]의 의미자질을 지니게 되고
완수동사로 파생되었다. 파생된 완수동사는 '-고 있-'과 결합하여 건설
하는 동작이 진행되고 있음을 나타낸다. 이와 달리 중국어 동작상 표
지는 한정적인 목적어와 결합할 수 없기 때문에 파생된 완수동사와 결
합한 '-고 있-'은 중국어 동작상 표지로 번역되어 있지 않다.

　예문 (다)에 목적어는 한정적인 수량사 '500억'과 결합하여 비한정
적인 명사구를 한정적인 명사구로 바꾸게 된다. '-고 있-'은 파생된 완
수동사와 결합하여 돈을 투입하는 동작이 진행 중에 있음을 나타낸다.
중국어 동작상 표지는 한정적인 목적어와 결합할 수 없기 때문에 중국
어 번역문에서는 '-고 있-'이 중국어 동작상 표지로 번역되어 있지 않
다.

2.2.3. 시간 부사어

　한국어에서 시간 부사어가 동사의 상적 특성에 큰 영향을 미칠 수
없는 것과는 달리 중국어의 경우 시간 부사어에 따라 결합할 수 있는

동작상 표지가 다르기 때문에 '-고 있-'의 중국어 번역양상에 영향을 미칠 수 있다. 시간 부사어는 순간성 시간 부사어, 반복성 시간 부사어, 지속성 시간 부사어로 나눌 수 있으며 시간 부사어 종류에 따라 중국어 동작상 표지의 결합양상이 다르다. 다음에는 실제 병렬말뭉치에서 나온 예문을 통해서 시간 부사어와 결합한 '-고 있-'이 어떤 중국어 동작상 표지로 번역되어 있는지를 살펴보고자 한다.

　Ⅲ장에서 서술한 것과 같이 반복성 시간 부사어는 중국어 동작상 표지 '正', '正在', '了'와는 결합할 수 없고 '在'와 '着'과는 결합할 수 있다. 실제 병렬말뭉치에서도 반복성 시간 부사어와 결합한 '-고 있-'이 '在'와 '着'으로 번역되는지를 살펴보겠다.

(62)

　가: 지금 박 대통령은 <u>매일</u>, 그러나 충분하지 않게 <u>물을 붓고 있다</u>.

　　而眼下朴槿惠<u>每天</u>都<u>在</u>向破缸中灌不多不少的水。

　나: 남양유업은 중국 시장에 진출한 2011년 수출액 약 500만 달러(약 60억 원)에서 <u>해마다</u> 수출 규모가 커지고 있다.

　　在南阳乳业最初进入中国市场的 2011 年，出口额约为 500 万美元，此后<u>每年</u>出口规模都<u>在</u>扩大。

　다: 그가 지난해까지 보살핀 성폭행 피해자는 4만8482명. 지금도 <u>매일</u> 7~10명의 성폭력 피해 환자를 <u>돌보고 있다</u>.

　　截至去年为止，他照顾的性暴行受害者达 4.8482 万名。现在<u>每天照顾着</u> 7~10 名的性暴力受害患者。

위의 예문을 통해서 '在'와 반복성 시간 부사어와의 결합양상을 알수 있다. 예문 중의 '每天', '每年'은 반복성 시간 부사어에 해당하며 '在', '着'과 결합하여 동작의 진행을 나타낸다. 본 연구가 구축한 신문 병렬 말뭉치에서 반복성 시간 부사어와 결합한 '-고 있-'을 중국어 동작상 표지 '正', '正在', '了'로 번역한 예문은 나타나지 않았다. 이런 현상을 통해서 반복성 시간 부사어가 '-고 있-'과 같이 나타나는 경우에 중국어 동작상 표지 '在'와 '着'으로 번역하는 것을 알아낼 수 있다.

순간성 시간 부사어는 짧은 시간에 동작이나 상황이 발생했음을 표현하는 시간부사이다. 순간동사는 '시점·비연속성'의 특징을 지니는 동작상 표지 '正', '正在'와 완료상 표지 '了'와 결합할 수 있다. 다음에는 순간성 시간 부사어와 같이 나타나는 '-고 있-'의 중국어 번역양상을 살펴보겠다.

(63)

가: <u>당시</u> 에르도안 대통령은 유럽연합 집행위원회에서 각국 정상들과 난민 대책을 <u>논의하고 있었다</u>.

<u>那时</u>埃尔多安总统<u>正在</u>欧盟执行委员会上和各国首脑<u>讨论</u>难民对策。

나: <u>현재</u> 갤럭시노트7은 블루 코랄, 실버 티타늄, 골드 플래티넘 등 3가지 색상으로 예약 <u>판매되고 있다</u>.

<u>目前</u>, 盖乐世 NOTE7 珊瑚蓝、钛金银和铂金黄三款产品<u>正在预售</u>。

다: 6일 SBS와 한겨레신문은 "박 대통령이 세월호 참사 <u>당시</u> 전속 미용사를 불러 머리를 <u>손질하고 있었다</u>"고 보도했다.

6日 SBS 电视台与《韩民族新闻》报道称 : "朴槿惠总统在世越号 惨事发生<u>当时</u>, 正让专属美发师给她<u>做发型</u>"。

라: <u>지금</u> 미국의 핵심부는 무엇을 <u>검토하고 있을까</u>.

<u>此时此刻</u>, 美国的核心组织<u>正在讨论</u>什么 ?

마: 상식과 상상을 뛰어넘는 사건들의 동시다발적 돌출로 <u>오늘날</u> 우리는 역사적 <u>전환기를 맞고 있다</u>.

在颠覆常识和想象的事件频发的<u>此时此刻</u>, 我们<u>迎来了</u>历史性的 转折点。

위의 예문은 실제 신문텍스트에서 순간성 시간 부사어가 '-고 있-'과 같이 나타나는 예문이다. 예문 (가), (나), (다), (라) 중 '那时', '目前', '此 时此刻', '当时'는 순간성 시간 부사어에 해당하다. 중국어 진행상 표지 '正', '正在'는 시점·비연속성의 특징을 지니고 있기 때문에 '那时', '目 前', '此时此刻', '当时'와 같은 순간성 시간 부사어와 결합해서 동작의 진행을 나타낼 수 있다. 예문 (마)는 순간성 시간 부사어가 중국어 완료 상 표지 '了'와 결합한 경우이다. 중국어 완료상 표지 '了'는 순간성 시 간 부사어와 같이 사용되어 동작이 실현되고 결과상태가 지속되고 있 음을 나타내고 있다. 위의 예문을 통해서 '那时', '目前', '此时此刻', '当 时'와 같은 순간성 시간 부사어와 결합할 때 '-고 있-'은 주로 진행상 표 지 '正', '正在'와 완료상 표지 '了'로 번역한다는 것을 알 수 있다.

　지속성 시간 부사어는 일정 기간 이어지는 시간을 표현하며 동작이나 상황이 지속되고 있는 것을 표현한다. 앞서 서술한 것과 같이 시점을 강조하는 진행상 표지 '正', '正在'와 완료상 표지 '了'는 지속성 시간 부사어와 결합할 수 없다. 시단을 강조하는 '在'와 지속상을 요구하는 지속상 표지 '着'과 결합할 수 있다. 다음에는 실제 신문 병렬말뭉치 중에 지속성 시간 부사어와 같이 사용한 '-고 있-'은 어떤 중국어 번역양상을 가지고 있는지를 살펴보고자 한다.

(64)

　가: 이에 대해 트럼프 당선인은 17일 트위터에 "대선 때 엉터리 여론 조사를 하고, (그 예측 결과도) 심하게 틀렸던 사람들이 요즘은 (내) 지

　　지율 <u>조사를 하고 있다</u>. 그들은 예전(대선 때)과 똑같이 편향돼 있다"라고 비판했다.

　特朗普本人 17 日在推特上批评说："大选时的民意调查搞得一塌糊涂，（结果完全错误）的一帮人<u>最近</u>又<u>在调查</u>我的支持率了。他们肯定和以前（大选时候）一样搞偏方向。"

　나: 국회 의원회관 로비에서는 <u>지난 20일부터</u> '곧, 바이! 展'이라는 '시국비판 풍자 전시회'가 <u>열리고 있다</u>.

　<u>从 20 日以来</u>，国会议员会馆大厅<u>在举办</u>主题为"即将，再见！展"的批判讽刺当下时局展览会。

　다: 가장 놀라운 건 그 아우라를 <u>10년 넘게</u> <u>유지하고 있다</u>는 점이다.

最令人感到惊讶的一点是, <u>十多年来她一直保持着</u>那种气场。

위의 예문 (가), (나)에서의 '最近', '从~以来'는 일정한 시간의 길이를 포함하는 지속성 시간 부사어에 해당한다. 예문 (가), (나)에서는 '-고 있-'이 중국어 진행상 표지 '在'로 번역되고 동작의 진행을 나타내고 있다. 예문 (다)의 '十多年来'과 같은 지속성 시간 부사어와 결합한 '-고 있-'을 중국어 동작상 표지 '着'으로 번역하고 있다. 이런 예문을 통해서 지속성 시간 부사어와 같이 문장에 나타난 '-고 있-'은 주로 중국어 동작상 표지 '在'와 '着'으로 번역된 것을 알 수 있다.

2.3. 부정소와 결합한 '-고 있-'의 중국어 번역양상

Ⅲ장에서는 중국어 동작상 표지 '在', '正', '正在', '着', '了'와 부정소 '不', '没(有)'의 결합양상을 살펴봤다. 중국어 동작상 표지 중에 부정소 '不'과 결합한 동작상 표지는 없으며 '没(有)'와 결합할 수 있는 동작상 표지는 '着¹'밖에 없다.[①] 본 연구가 구축한 신문 병렬말뭉치에서 부정문이 총 81번 나타났는데 그 중에 중국어 동작상 표지로 번역된 경우는 한 번도 나타나지 않았다. 다음으로 실제 신문텍스트에서 부정소와 같이 문장에 나타난 '-고 있-'은 어떤 중국어 동작상 표지로 번역되고 있는지를 실제 예문을 통해서 살펴보고자 한다.

(65)

가: 더불어민주당이 인권재단 이사(4명)와 인권자문위 위원(3명)을 <u>내지 않고 있</u>기 때문이다.

这是因为共同民主党<u>没有提交</u>人权财团理事（4 人）和人权咨询

委员会委员（3人）的缘故。

나: 바다 어획량은 그때 이후 거의 <u>증가하지 않고 있다</u>.
　海洋捕鱼量从那时开始几乎<u>没有增加</u>。

다: 방어시스템 배치가 결정되긴 했으나, 정치 쟁점화를 벗어나지 못해 수도권 방어에 필수적인 1개 포대 추가 배치는 <u>거론조차 안 되고 있다</u>.
　虽然已经决定部署防御系统，但尚未能摆脱政治争议，首都圈防御所必需追加的一个炮台，连部署的提议都<u>没能成功</u>。

라: 미 전술핵 재배치 또는 나토식 한·미 핵 공유·공동 관리 (nuclear-sharing) 중 어느 것도 <u>성사되지 못하고 있다</u>.
　让美国重新部署战术核武器或像北约一样进行韩美核武器共享和共同管理（nuclear-sharing）——二者中的任何一个都<u>没能付诸实现</u>。

마: 그러나 한국 정부는 아직까지도 각종 위장 명칭을 내걸고 활동 중인 불법 금융기관의 현황을 <u>파악하지 못하고 있</u>는 것으로 알려졌다.
　韩国还<u>没有掌握</u>以各种伪装名称进行活动的非法金融机构的现状。

바: 인권법이 통과된 지 한 달이 지났지만 법에 규정된 인권재단과 인권증진자문위원회가 <u>출범을 못하고 있다</u>.

---

① 완료상 표지 '了'는 부정소 '沒(有)'와 결합할 수 있지만 탈락된다.

人权法通过已经有一个月了，但却<u>没能成立</u>法律规定的人权财团和人权增进咨询委员会。

사: 장관이 <u>제 역할을 못하고 있</u>으니 외국 대표부 직원이 성폭행당한 한국여성들의 신고에 불성실하게 응대하는 일까지 벌어지는 것이다.

在外交部长官<u>没有发挥</u>应有作用的情况下，才会发生外国代表部员工不诚实应对遭强奸的韩国女性的举报的事情。

위의 예문은 '-고 있-'이 부정소와 같이 문장에서 나타난 경우이다. 예문 (가), (나)는 부정소 '지 않다'와 '-고 있-'이 결합한 경우이며 중국어 동작상 표지로 번역되어 있지 않다. 예문 (다)는 '-고 있-'이 부정소 '안'과 결합한 경우이고 중국어 번역문에서는 동작상 표지로 번역되어 있지 않다. 예문 (라), (마)는 '-고 있-'이 부정소 '지 못하다'와 결합한 문장이고 중국어 번역문에서는 동작상 표지로 번역되어 있지 않다. 예문 (바), (사)는 '-고 있-'이 부정소 '못하다'와 같이 결합한 문장인데 다른 예문과 같이 중국어 동작상 표지로 번역되어 있지 않다. 이런 현상을 통해서 '-고 있-'이 부정소와 결합할 때 대부분이 중국어 동작상 표지로 번역되어 있지 않은 것을 알 수 있다. 그리고 이런 현상을 통해서 부정이 한국어 동작상 표지 '-고 있-'의 중국어 번역양상한테 영향을 미칠 수 있는 것을 증명할 수 있다.

'着₁'은 부정소 '没(有)'는 결합할 수 있지만 본 연구가 수집한 신문텍스트에서는 나타나지 않았다. 앞서 중국어 동작상 표지와 각 동사부류의 결합양상을 살펴봤는데 그 중에 동작상 표지 '着₁'과 결합할 수 있

173

는 동사부류는 완수동사와 자세동사밖에 없다. 본 연구에서 수집한 신문텍스트 중에 완수동사와 자세동사가 부정소와 같이 나타나는 예문이 15회만 나타나기 때문에 표본이 작아서 '着₁ '과 부정소 '沒(有)'와 결합한 예문이 나타나지 않았다.

IV

의미기능과 '-고 있-' 의 중국어 번역

....

1

....

의미기능

Ⅲ장에서는 한국어 동작상 표지 '-고 있-'과 중국어 동작상 표지 '在', '正', '正在', '着', '了'의 통사적인 특징을 제시하고, 각각의 특징에 따른 제약을 밝혔다. '-고 있-'의 중국어 번역에 있어 통사적인 특징은 가장 중요한 위치를 차지하고 있지만, 통사적인 제약만으로 설명할 수 없는 예문들도 있다.

다시 말해, 한국어 동작상 표지 '-고 있-'을 중국어로 번역할 때 통사적인 특징만으로 어떤 동작상 표지로 번역을 해야 하는지를 결정할 수 있는 것이 아니다. '正', '在', '正在', '着₂'은 진행상 표지로서 모두 동작이나 상황의 진행을 나타낼 수 있다. 그런데 이들이 동일한 통사구조를 가지고 있다 하더라도 경우에 따라서 다른 의미기능을 내포하고 있을 수 있다. 따라서 본 절에서는 한국어 동작상 표지 '-고 있-'과 중국어 동작상 표지들이 신문텍스트에서 나타내는 의미기능을 분석해 봄으로써 이러한 문제들을 해결해 보고자 한다.

텍스트에 따라서 동일한 의미를 여러 가지 다른 문법 형태로 바꾸어 쓰기도 하고, 동일한 문법 표현이 다른 의미기능으로 쓰이기도 한다. 그리고 텍스트는 그 텍스트가 관습적으로 사용하는 언어 형식에 특정 세계관이나 사회·문화적 의식을 담고 있다. 남가영(2009)에서는 텍스트의 특징적 문법 장치를 통해 텍스트를 읽어내는 것이 유용한 방법이라고 지적하였다. 한국어를 중국어로 번역할 때 먼저 원문텍스트를 이해하는 과정을 거쳐야 한다. 이 과정을 통해 원문텍스트에 있는 특징적이고 관습적인 문법 장치를 잘 이해해야만 이에 해당하는 정확한 목표 언어를 사용하여 좋은 번역문을 완성할 수 있게 되기 때문이다.

신문텍스트는 다양한 소통기능을 포함하고 있지만, 지배적인 기능은 '제보[①]'로 보는 것이 정설화된 시각이다[②]. 즉, 신문 텍스트의 주된 기능은 사건이나 사태에 대한 정보를 객관적으로 전달하는 것이다. 신문 텍스트는 그동안 대표적인 객관적 텍스트로 분류되어 왔지만 사실은 해당 사건에 대한 필자의 주관적 견해가 강하게 담겨 있는 텍스트이다[③]. 따라서 최동욱(2015)에서도 지적한 바 있듯이 신문 텍스트를 번역 텍스트의 원문 텍스트로 삼는다면 필자가 신문 텍스트에서 사용한 모종의 의도까지 해석해 낼 수 있어야 하고, 그 해석의 기저에 존재하는 언어적 과정인 문법 또한 고려해야 한다[④]. 즉, 신문텍스트를 번역할 때, 텍스트에 표면적으로 드러난 정보인 사실을 정확하게 번역하는 동시에 필자가 객관성으로 포장하여 숨기고자 한 그의 의도까지 해석하여 번역할 수 있어야 한다. 이는 원문텍스트에서 필자가 사용한 어휘 및 문법에 내재되어 있는 의도까지 번역해야 함을 말한다. 따라서 다

---

① 제보기능: 필자가 독자에게 특정 지식을 전달하는, 곧 독자에게 무엇을 관하여 제보하는 목표를 가진다. 즉 저자는 독자가 진술된 명제가 옳다고 믿고 알게 되기를 목표하는 기능이다. 이성만(1995: 424) 참조.
② 김봉순(1999:59) 참조.
③ 김봉순(1998:58) 참조.
④ 최동욱(2014:43) 참조.

음 절에서는 신문텍스트에서 한국어 동작상 표지 '-고 있-'이 가지고 있는 의미기능을 살펴보고자 한다.

1.1. 신문텍스트에 나타난 '-고 있-'의 의미기능

신문 텍스트에서 필자는 주체의 객관성 유지를 위해 자신의 의도를 어떤 언어적 수단으로 표현할지에 대해 중요하게 여긴다. 이는 텍스트에 존재하는 시간 표현에도 시간에 대한 필자의 주관적인 인식과 표현, 즉 의도가 개입되어 있음을 말한다. 이는 결국 신문 텍스트에서 사용된 시간 표현이 텍스트 밖에서 발생한 사건의 시간을 객관적으로 서술한 것이 아니라, 필자가 외부 사건을 가지고 '신문'이라는 특정 장르의 텍스트를 구성하는 과정에서 그 텍스트 안의 내적인 시간 또한 재구성한 것이라 볼 수 있다. 앞서 서술한 바와 같이 본 연구에서는 객관화, 현장감 증대, 호소 세 측면으로 '-고 있-'이 신문텍스트에서 지니는 의미기능을 분석하겠다.

1.1.1. 객관화

신문텍스트에서 '-고 있-'은 객관화의 의미기능을 가지고 있는데 주로 두 측면으로 이런 의미기능이 발휘된다. 하나는 상황이나 사태를 정확하고 객관적으로 전달하는 것이다. 필자는 어떤 상황에 대하여 있는 그대로의 사실을 전달하고자 할 때, '-고 있-'을 선택할 수 있다. 이것은 '-고 있-'이 상황이나 상태를 외부에서 바라보는 것이 아니라 내부에서 바라보는 것이기 때문이다. 즉 '-고 있-'이 내망상적 특성을 지니고 있기 때문에 사건이나 사태를 더욱 생생하게 표현할 수 있는 것이다. 따라서 사건이나 사태를 이미 전체성을 띤 하나의 덩어리로 서술하는 것이 아니고, 그 사건이나 사태 안에서 포착하여 서술하기 때문에 더욱 정확하고 객관적인 전달 효과를 얻을 수 있다.

또 하나는 '-고 있-'을 사용하여 필자인 기자의 개인적인 견해를 공정한 태도인양 전달해서 필자의 주관적 인식을 객관화하는 것이다. 신문텍스트의 내용은 사건이나 사태에 대해 주장하는 주체가 누구인지에 따라 사실과 의견으로 나눌 수 있다. 권위가 있는 인물과 신뢰성이 강한 기관의 견해를 인용하거나 사건과 사태를 객관적으로 전달하는 텍스트는 신뢰성이 강한 텍스트로 간주된다. 따라서 신문텍스트의 필자인 기자는 자기의 견해가 담겨 있는 평가나 전망, 추측을 하는 경우에 '-고 있-'을 사용하며 자신의 견해를 타인의 견해로 바꾸어 표현한다. 겉으로는 객관적인 정보를 전달하는 것처럼 보이지만 그 안에는 필자인 기자의 주관적 견해나 관점이 담겨 있는 것이다. 다음에서 실제 신문텍스트의 예문을 통해서 살펴보도록 하겠다.

(66)

신문사	날짜	기사 제목
조선일보	2016.11.01	장막 뒤의 여자, 분노 앞에 서다

검찰은 이날 밤 최 씨가 증거를 인멸할 우려가 있다며 긴급 체포했다. 검찰은 이르면 1일 구속영장을 청구할 계획이다. 최 씨는 자신에 대한 언론 취재가 시작되자 독일로 출국한 지 57일 만인 지난 30일 아침 귀국했다. 검찰은 미르·K스포츠 두 재단 모금에 깊숙이 개입한 안종범 전 청와대 정책조정수석과 박 대통령의 문고리 보좌진 3인방 중 한 명인 정호성 전 청와대 비서관을 출국 금지했다. 검찰은 이르면 이번 주 중 두 사람을 소환 조사할 계획이다. 검찰은 헬스트레이너 출신인 청와대 윤전추 행정관을 31일 참고인 신분으로 조사했다. 검찰은 최 씨와 딸 정유라 씨, 가) 지난 9월 중국으로 출국한 광고감독 차은택 씨의 금융 계좌 내역도 <u>추적하고 있다</u>.

위의 신문기사는 최순실 사건에 대한 보도이다. 제민경(2015)에서는 이런 사건 기사문은 주로 과거시제를 사용한다고 지적하였다. 위의 보도에서 밑줄 친 문장들의 서술어는 거의 대부분이 과거시제를 사용하고 있는데 (가)문장에서는 동작상 표지 '-고 있-'을 사용하고 있다. 과거시제를 사용하여 '추적했다'라는 표현을 사용하면 계좌 내역을 추적하는 행위가 끝났다는 의미가 되므로 필자는 의도적으로 '-고 있-'의 객관화의 의미기능 중 사태를 내부에서 바라보는 기능을 사용하여 '추적하고 있다'라는 표현을 통해 해당 사건을 더 정확하고 객관적으로 서술하고 있는 것이다. 다시 말해, 기자가 이 사건에 대해서 검찰이 지금 어느 단계까지 수사했는지, 계좌 내역을 추적하는 것이 끝났는지 판단 내릴 수 없지만 '-고 있-'을 사용해서 차은택씨의 금융 계좌 내역을 추적하는 검찰의 행위가 진행 중에 있음을 내부적인 시선에서 서술하는 것으로 객관화를 시켰다.

(67)

신문사	날짜	기사 제목
조선일보	2017.01.24	어제는 NAFTA, 오늘은 TPP 공격
가) 트럼프 행정부가 공약대로 나프타 재협상을 포함한 무역협정 손보기에 착수함에 따라 우리나라에도 여파가 미칠 것이라는 <u>우려가 나오고 있다</u>. (중략) 나) 허윤 서강대 국제대학원장은 " 무역 전쟁을 선포한 트럼프 행정부가 우리나라를 환율 조작국으로 지정하는 등 통상 압박을 강화하면 우리 기업들이 수출 전선에서 타격을 받을 수 있다 " 고 말했다 .		

위의 예문은 기자가 '-고 있-'을 사용해서 자신의 견해를 전문가의 객관적 견해로 전환하는 경우이다. 위 신문의 내용은 (가)필자의 견해, (나)전문가의 견해 두 부분이 구성된 것으로 나누어 볼 수 있는데, (가)

부분에서 '우리나라에도 여파가 미칠 것이라는 우려가 나오고 있다.'라고 하여 어떤 한 사람의 개인적인 의견이 아니라 동시다발적으로 여러 사람이 제기한 문제인 듯한 인상을 주고 있는 것이다. 그리고 위의 신문에서 기자는 자기 판단의 객관화를 증명하기 위해서 더 나아가 '-고 있-'의 사용뿐만 아니라 (나)의 서강대 전문가의 견해를 인용하여 미국의 행위 때문에 받을 구체적인 영향을 제시하여 자기의 판단을 지지하는 증거를 제공하였다. 이런 문법장치와 내용설명을 통해서 사태에 대한 주관적인 판단과 평가를 객관적이고 신뢰성이 있는 평가로 가장할 수 있다.

1.1.2. 현장감 증대

신문텍스트에서 필자는 '-고 있-'을 사용해서 과거에 발생한 사건이나 현재 벌어지고 있는 상황을 적극적으로 지시하면서 그 상황에 계속성을 부여하거나 극적인 느낌을 더해주며 사건을 생생하게 전달해서 독자에게 필자인 기자와 같은 시·공간에 있는 것과 같은 현장감을 줄 수 있다.

주지하다시피 이미 발생한 사건에 대한 글을 쓸 때, 현재시제를 사용하면 해당 사건의 현장감을 높일 수 있다는 것은 이미 널리 알려진 사실이다. 일상생활에서 사건이나 상황이 과거의 어느 시기에 일어났다 하더라도 그 사건이나 상황을 보다 생생하게 표현하기 위하여 현재시제를 사용하는 경우가 흔히 있다. 현재시제의 [동시성], [진행성] 등을 고려할 때 당연한 효과이다. 김민영(2012)에서는 필자가 자신이 말하고자 하는 바를 생생하게 전달하기 위하여 현재시제를 선택하여 이야기하는 경우, 독자는 필자와 동일한 시·공간에 있는 것 같은 현장감을 느낄 수 있다고 지적하였다. 동작상 표지 '-고 있-'은 현재시제에 속하지만 동작의 진행과 상황의 지속을 나타낼 수 있기 때문에 일반적인 현재시제보다 사건이나 사태를 더 생생하게 전달할 수 있다.

그리고 동작상은 주어진 시간적 위치 안에서 상황이 시간적으로 어떻게 변모하는지를 나타내는 것이다. '-고 있-'은 미 완료상 표지로 사건이나 사태의 내부구조에서 특정 일부분을 보는 시각이다. 서성화(2003)에서도 필자가 어떤 사건이나 사태를 정확하게 표현하려 한다면 미완료상을 많이 사용하지 않을 수 없다고 했는데, 이것은 '-고 있-'이 사건이나 사태의 내부에 관여하여 사건이나 사태를 구체적으로 묘사하는 데 쓰일 수 있음을 나타낸다. 그리고 이러한 특성으로 인해 신문텍스트에서 '-고 있-'을 사용하면 사건이나 사태의 전체에 대한 부분적 설명을 더 효과적으로 할 수 있으며 현장감 증대의 효과를 얻을 수 있다. 실제 신문텍스트 예문을 통해서 살펴보도록 하겠다.

(68)

신문사	날짜	기사 제목
동아일보	2016.12.22	제 2 백악관 트럼프 타워
가) 최상위 3 개 층에 걸쳐 있는 펜트하우스는 트럼프와 가족의 거주 공간이다 . 26 층에는 대통령인수위원회 사무실이 있다 . 나) 로비에는 기자들이 <u>진을 치고 있</u>어 로비에 누가 들어서는지 , 몇 층으로 향하는지 , 트럼프를 만났는지 등이 실시간으로 알려진다 . 특히 엘리베이터의 최고층 버튼을 눌러 트럼프를 만났다면 순식간에 화제가 된다 . 로스앤젤레스타임스 (LAT) 는 17 일 "뉴욕에서 가장 중요한 엘리베이터는 트럼프타워에 있다 . 탑승자가 몇 층을 누르는지가 바로 그 사람의 권세를 보여 준다"고 전했다 .		

위의 신문은 제2백악관 트럼프 타워를 소개하는 기사로 해설 기사문에 해당한다. (가)부분은 트럼프와 그 가족의 거주 공간이 트럼프 타

위에서 어느 위치에 있는지를 외부적으로 소개하는 내용이고 (나)부분은 트럼프 타워의 내부 공간을 소개하는 내용이다. 제민경(2015)에 따르면 위와 같은 해설 기사문에서는 주로 현재시제를 사용한다고 한다. 위의 보도는 대부분이 현재시제를 사용하고 있는데 필자가 독자에게 트럼프 타워 내부의 상황을 더 생생하게 전달하기 위해서 (나)부분에서는 동작상 표지 '-고 있-'을 사용하였다. 즉, 기사문에서의 (나)부분은 트럼프 타워의 로비 상황을 설명하는 내용인데 여기에서 기자가 '-고 있-'을 사용한 이유가 필자가 독자들로 하여금 마치 트럼프 타워의 로비에서 기자들이 진을 치는 상태가 지속되고 있는 장면을 직접 보는 것처럼 생생한 현장감을 느낄 수 있도록 하기 위해서다.

(69)

신문사	날짜	기사 제목
동아일보	2016.09.05	佛서 ' 기사 없는 자율주행 버스 ' 매일 운행
가)3 일 (현지 시간) AFP 통신에 따르면 최대 15 명의 승객을 태울 수 있는 길이 4m 의 무인 전기 미니버스 2 대가 프랑스 리옹에서 이날부터 운행을 시작했다 . 이 버스는 1 년간 시범 운행되며 최고 시속 20km, 평균 시속 10km 의 속도로 달린다 . 핀란드와 일본에서도 이미 운전자 없는 자율주행 버스를 시범 운행한 적이 있지만 장기간에 걸쳐 정기적으로 운행하는 버스는 이번이 첫 사례다 . (중략) 나)한편 세계 곳곳에서 자율주행 기술 개발과 투자가 <u>봇물을 이루고 있다</u>. 다)4 일 일본 NHK 에 따르면 도요타 닛산 등 일본의 7 개 자동차 회사는 올해 자율주행차 연구개발비로 사상 최대인 2 조 8020 억 엔 (약 30 조 2600 억 원) 이상을 투입할 예정이다 . 전년보다 2.4% 증가한 수치다 .		

위의 신문은 프랑스의 자율주행 버스를 소개하는 기사이다. (가)는 다른 통신사의 보도를 인용하여 프랑스에서 운행되고 있는 자율주행 버스를 소개하였다. (나)에서는 핀란드와 일본의 경우를 이어서 세계

곳곳에 자율주행 기술개발과 투자의 상황을 설명한 것이다. (나) 문장 중 현재 시제 '봇물을 이룬다'로 표현해도 되는 부분에서 기자는 의도적으로 '-고 있-'을 사용하였다. 기자는 진행상 표지 '-고 있-'을 사용하여 많은 나라에서 지금 자율주행의 기술 개발과 투자를 하고 있는 상황을 더 구체적으로 설명하여 독자가 세계 많은 나라에 가서 이런 상황의 진행을 직접 눈으로 보고 경험한 것처럼 한 것이다. 그리고 (다)에서는 일본의 경우를 예를 들어서 자율주행의 기술개발과 투자 상황을 상세히 설명하였다. 기자는 '-고 있-'과 (다)의 내용 설명을 통해서 독자가 같은 시·공간에 있는 것처럼 현장감 증대의 효과를 얻고 있다.

1.1.3. 호소

신문텍스트에 기재되는 사건들은 대부분이 이미 과거에 발생한 것들이다. 그런데 신문텍스트에서 기자가 동작상 표지 '-고 있-'을 사용하여 과거에 일어난 사건이나 사태를 현재 벌어지고 있는 것처럼 느끼게 하여 신문텍스트를 읽는 독자에게 경각심, 동정심 등을 불러일으키는 효과를 얻을 수 있다. 이진호(2012)에서는 피처 기사[1]에서 기자가 '-고 있-'을 사용하여 사건에 대한 문제제기의 의도를 가지고 있는 것으로 사건이나 사태에 대한 관심을 촉구, 호소하는 의미기능을 가지고 있는 문법 장치로 사용한 경우가 존재한다고 지적하였다.[2] 다시 말하면, 필

---

[1] 이진호(2012)에서는 신문텍스트를 사건에 대한 사실적 정보 전달에 초점을 두고 있는 스트레이트 기사와 사건에 대한 부차적 배경과 필자 관점을 전달하고자 하는 피치 기사로 나눴다.

[2] 이진호(2012:95)참조.

자인 기자가 어떤 사건이나 사태를 부연 설명함으로써 독자의 공감대를 이끌어내기 위해서 '-고 있-'을 통해서 사건이나 사태를 더 생생하게 묘사하고 독자들의 공감을 얻어내고 동정심을 호소할 수 있다.

(70)

신문사	날짜	기사 제목
조선일보	2016.09.05	로봇이 음식 나르면, 식탁 서빙은 사람이

가) 만성적인 노동력 부족을 <u>겪고 있는</u> 싱가포르에서는 자동화의 물결이 서비스 분야로 확산되고 있다. 로봇이 싱가포르 음식점에 등장한 것은 2010년대 초반부터이다.

나) 제조업 공장에서나 볼 수 있었던 로봇이 식당 접객까지 맡게 된 것은 심각한 인력난이 주요인이다. 지난 2011년 대규모 반(反) 이민 시위를 경험한 싱가포르 정부가 저임금 외국 근로자 수입을 제한하면서 음식점 같은 서비스 업종이 직격탄을 맞았다. 대부분 식당 입구에는 '채용 중'이라는 공고가 항상 붙어 있다.

위의 신문기사는 싱가포르의 노동력 문제를 보도한 것이다. (가)에서는 싱가포르의 노동력 문제를 제시하고 (나)에서는 이런 문제를 초래하는 원인을 설명하였다. 신문기사의 내용 중 싱가포르가 만성적인 노동력 부족을 겪는 문제는 과거에 이미 발생해서 지금까지 유지되는 상황이다. 신문에서 '만성적인 노동력 부족을 겪는 싱가포르'라는 표현과 같이 현재시제를 사용해도 내용적으로는 틀림이 없다. 그런데 위의 기사에서 기자가 동작상 표지 '-고 있-'을 사용하여 '만성적인 노동력 부족을 겪고 있는 싱가포르'로 싱가포르가 심각한 노동력의 문제가 있는 상태가 계속 지속되고 있음을 의도적으로 표현하였다. 기자가 '-고 있-'을 의도적으로 사용하는 것으로 싱가포르의 노동력 부족 문제에 대한 독자의 동정심을 불러일으키고 공감을 얻는 효과를 볼 수 있다.

(71)

신문사	날짜	기사 제목
조선일보	2016.06.09	불법 어선들 싹쓸이 꽃게잡이 , 대책 없이 항의만 할 건가
꽃게 철인 요즘 서해 북방한계선 (NLL) 남측 해역에서 불법 어선들이 대규모 선단을 이뤄 휘젓고 다니며 꽃게를 <u>남획하고 있다</u>. 지방자치단체가 정부에 이런 어선들의 불법 조업에 항의하고 대책 마련을 요구했다고 한다 . 정부는 ' 노력하겠지만 단속이 여의치 않다 ' 는 답변이었다고 한다 .		

위의 신문은 '불법 어선들 싹쓸이 꽃게잡이'에 대한 문제에 '노력하겠지만 단속이 여의치 않다'라는 정부의 태도에 대해 우리는 '대책 없이 항의만 할 건가'라는 문제의식을 갖고 쓴 기사문이다. 따라서 기사에서 정부나 불법 어선을 주어로 하여 그들의 부정적인 활동을 제시하고 있다. 위의 신문기사에서 불법 어선들이 꽃게를 남획하는 사건은 해당 기사를 보도하기 전에 이미 발생한 것으로 과거시제를 사용해도 무방하다. '남획했다'라는 과거시제를 사용한 경우, 이는 그저 이미 일어난 사실을 기술하는 것에 불과하지만, '-고 있-'을 사용하여 불법 어선들이 꽃게를 남획하는 행위가 지금도 진행되고 있음을 나타내며 이런 문제에 대한 독자의 경각심과 비판적 관심을 호소하는 효과[①]를 얻고 있는 것으로 판단된다.

---

① 여기의 호소기능이 현장감 증대기능으로 보일 수도 있지만 여기에서는 문제제기 의도를 가지고 있는 것을 기준으로 삼았다.

1.2. 중국어 동작상 표지의 의미기능

앞에서 신문텍스트에서 한국어 동작상 표지 '-고 있-'은 주로 객관화, 현장감 증대, 호소의 세 가지 의미기능을 갖는다고 밝혔다. 그런데 앞서 제기한 것과 같이 한국어를 중국어로 번역할 때는 한국어에 대한 이해과정뿐만 아니라 중국어로 재현해내는 과정도 거친다. 따라서 번역자는 재현과정에서 한국어와 중국어의 차이로 인해 생기는 결합 제약을 극복하고, 중국어의 언어적 묘미와 가능성을 제대로 살려야 한다. 다시 말해, 한국어 동작상 표지 '-고 있-'의 통사적·담화적 특징을 고려하는 동시에 번역될 중국어의 통사적·담화적 특징까지도 고려해야 한다는 것이다.

본 연구에서 수집한 신문텍스트를 분석한 결과 '-고 있-'은 주로 중국어 동작상 표지 '在', '正', '正在', '着'으로 번역되는 것을 알 수 있었다. 따라서 '-고 있-'을 중국어로 재현하는 과정에서 각 중국어 동작상 표지의 의미기능을 고려해야 한다. 담화 측면에서 중국어 동작상 표지들이 한국어 동작상 표지 '-고 있-'에 대응하여 어떤 공통점과 차이점을 가지고 있는지를 밝히고, 번역할 때 이를 적용한다면 통사적 요소와 담화 측면의 의미기능을 모두를 고려한 좋은 번역을 얻을 수 있다. 다음으로 중국어 동작상 표지가 신문텍스트에서 어떤 의미기능을 지니고 있는지를 살펴보도록 한다.

① '正'

张亚军(2002)에서는 '正'은 동작행위의 진행을 나타내는 것으로 '동시성'을 주로 나타내는데 이러한 동시성은 '正'이 나타내는 '恰好', '恰

恰'의 정태의미와 밀접한 관련이 있다고 지적하였다.[1] 吕叔湘은 '正'이 동작이나 상태의 진행을 나타낼 수 있을 뿐만 아니라 '恰好', '恰恰', '刚好'의 의미도 가지고 있다고 지적하였다. '正'이 호소를 나타낼 수 있는 의미기능을 가지게 되는 것은 '正'이 본래 가진 '恰好', '恰恰', '刚好'등의 의미와 관련이 있다.[2] 김은자(2006)에서는 '正'은 동작의 진행을 나타내는 것뿐만 아니라 화자의 주관적 느낌을 표현하는 기능도 있다고 지적하였다[3]. 화자는 '正'을 사용하여 자기의 주관적 느낌을 독자한테 전달하여 독자의 공감을 유발할 수 있는 효과를 얻을 수 있다.

《现代汉语频率词典》의 통계 자료에서 각 동작상 표지가 어떤 텍스트 유형에서 많이 사용되었는지를 확인한다면 각 동작상 표지가 갖는 의미기능에 대한 근거를 찾을 수 있다.《现代汉语频率词典》은 텍스트의 유형, 즉 장르적 특성에 따라 신문·정론문장과 전문서적, 과학 잡지 데이터, 극본과 일상 구어 자료, 각종 문학작품 네 종류의 자료를 수집해서 단어의 빈도를 통계한 사전이다. 다음의 표를 통해 '正'이 호소의 의미기능을 갖는지 살펴보도록 한다.

---

[1] 张亚军(2002:47) 참조.

[2] 여기 '正'은 '恰好', '恰恰', '**刚好**'와 등가관계라는 것은 아니다. 다만 '正'이 동작상 표지로 사용되었을 때에도 '正'이 가진 그런 의미들이 사라지지 않고 남아 있다.

[3] 김은자(2006:62)참조.

<표 27> 텍스트 유형에 따른 '正'의 출현 빈도

	A 류[①]	B 류	C 류	D 류
횟수	146	58	61	618
편수	29	15	12	94
빈도율	5.034	3.867	5.08	6.574

위의 통계표를 통해서 동작상 표지 '正'이 문학작품에서 제일 높은 빈도로 나타나는 것을 알 수 있다. 문학작품이나 일상 구어 자료, 신문·정론문장과 전문서적에서 많이 나타나는 것과 달리 과학 잡지데이터에서 '正'의 출현빈도가 현저히 낮게 나온 것을 통해 '正'은 표면적으로 필자의 주관적인 태도를 표현하여 독자의 공감을 호소하는 의미기능을 갖고 있음을 알 수 있다.

'正'이 나타내는 '시점'의 의미는 필자의 주관적 감정을 나타낼 수 있기 때문에 독자의 공감을 유발하려는 필자의 집필 목적을 훨씬 효과적으로 이룰 수 있다. 다음으로 '正'의 의미기능을 살펴보면 다음과 같다.

(72)

신문사	날짜	기사 제목
인민일보	2016.12.26	死海水位每年下降一米 盐分太大如毒水

---

① A류: 신문과 정론문장, 그리고 전문서적. 전체 자료의 24.39%의 비중을 차지한다.
B류: 과학 잡지와 과학 책 등. 전체 자료의 15.73%의 비중을 차지한다.
C류: 극본과 일상 구어 자료. 전체 자료의 11.17%의 비중을 차지한다.
D류: 각종 문체의 문학 작품. 전체 자료의 48.71%의 비중을 차지한다.

> 가) 综合 CNN 报道，位于以色列和约旦交界的的咸水湖死海正在消失。나) 据世界环境保护组织的相关数据，死海水位正以每年 3.3 英尺（约 1 米）的速度下降，随着不断减少的水量，死海的盐度大大提高，假如要是尝一口就会觉得像"毒水"一般。
>
> 이스라엘과 요르단에 걸쳐 위치한 함수호인 사해가 점점 사라지고 있다. 세계 환경보호단체의 관련 자료에 따르면, 사해 수위가 매년 약 1m씩 낮아지고 있고, 수량이 끊임없이 감소함에 따라 사해의 염도가 대폭 높아지고 있어, 만약 한 모금 맛보기라도 한다면 '독극물'과 같다는 인상을 받게 될 것이라고 전했다.

위의 신문은 사해의 문제를 보도하는 내용의 기사이다. 예문에서는 '正'을 사용하지 않아도 사해 수위가 해마다 낮아지는 사실을 전달할 수 있다. 사해 수위가 낮아지는 사태를 현재시제를 사용해서 '死海水位以每年3.3英尺的速度下降'라는 표현으로 이런 사태를 설명하는 것이 가능하다. 그러나 여기에서는 필자가 진행상 표지 '正'을 사용하여 사해 수위가 매년 약 1m씩 낮아지는 동작이 진행 중에 있는 사실을 강조하고 문제의 심각성을 더 효과적으로 전달하고 있다. 이렇게 진행상 표지를 사용하는 것으로 사해 문제에 대한 독자의 경각심을 더욱 유발하는 효과를 얻을 수 있다. 다시 말하면 필자가 진행상 표지 '正'을 사용하지 않으면 그냥 사해의 수위가 낮아지는 사실을 전달할 뿐, 독자에게 문제의 심각성을 인식하게 하거나 경각심을 호소하는 등의 효과는 얻을 수 없다.

(73)

신문사	날짜	기사 제목
인민일보	2016.08.25	中国外交为世界提供巨大正能量

目前，整个世界对中国给予很高的期望。通过这次 G20 峰会，中国要发挥领导力，不仅仅是提供世界经济的增长，更要提供合理的经济方案，召集更多的国家，集思广益，共同参与全球经济治理。
　　中国外交<u>正</u>为世界提供巨大正能量。首先在于中国一直遵循"把国内治理好再把世界治理好的原则"。现在很多国家习惯于将国内问题往外延，怪罪于外面的世界，甚至搞以邻为壑的货币政策、贸易保护等，包括在安全问题上制造麻烦，这是非常不可取的。
　　현재 전 세계는 중국에 큰 기대감을 품고 있다. 이번 G20 정상회의를 통해 중국은 리더십을 발휘해 세계 경제성장에 기여해야 할 뿐 아니라 합리적인 경제방안을 제공해야 하고, 더 많은 국가들이 지혜를 모아 글로벌 경제 거버넌스에 함께 참여하도록 해야 한다.
　　중국 외교는 세계에 거대한 긍정에너지를 <u>불어넣고 있다</u>. 우선 중국은 ' 국내를 잘 다스리고 나서 세계를 잘 다스린다는 원칙 ' 을 줄곧 준수해 왔다. 현재 많은 국가들은 습관적으로 국내 문제를 외부로 확대해 바깥 세계 탓으로 돌리고 심지어는 안보문제에서 문제를 만드는 것을 비롯해 이웃을 구렁으로 삼는 근시안적인 통화정책, 보호무역까지도 서슴지 않고 있다. 이는 절대 해서는 안 되는 것이다.

위의 신문은 중국 외교가 세계에 거대한 긍정에너지를 제공하는 것을 보도하는 기사문이다. 신문기사의 내용 중 "중국 외교가 세계에 긍정에너지를 불어넣는" 행위는 한두 가지의 일을 통해서 실현될 수 있는 것이 아니다. 중국이 세계에 긍정에너지를 불어넣는다는 표현을 사용하기 전까지 이미 선행된 많은 행위들이 과거에 일어났다. 그런데 신문기사의 필자 과거시제를 사용해 중국 외교의 지난 행적들을 평가하지 않고 진행상 표지 '正'을 사용하여 지금 "중국 외교가 거대한 긍정에너지를 불어넣는" 동작이 현재도 진행 중에 있음을 표현하였다. 이는 '正'을 사용하여 중국이 과거 행적을 포함하여 지금까지도 전 세계에 거대한 긍정에너지를 불어넣고 있는 상황을 서술하여 중국에 대한 자부심을 표현하는 동시에 독자에게도 공감을 얻으려는 효과를 기대한 것으로 판단된다.

② ' 正在'

'正在'는 동작이나 상황의 진행을 나타내는 것 외에 객관화의 의미기능을 가지고 있다. 앞에서 '正'이 호소의 의미기능을 가지고 있는 것과 달리 '正在'는 주로 사건이나 사태를 더 객관적으로 진술하는 역할을 담당하고 있다.

'正在'가 객관화 의미기능을 갖고 있다는 근거 역시 《现代汉语频率词典》에서 찾을 수 있다. '正在'의 빈도 양상은 다음 표와 같이 정리할 수 있다.

<표 28> 텍스트 유형에 따른 ' 正在 ' 의 출현 빈도

	A 류	B 류	C 류	D 류
횟수	57	60	16	251
편수	18	11	9	73
빈도율	3.167	5.455	1.778	3.438

위의 통계에서 '正在'는 과학 잡지데이터에서 제일 높은 빈도로 나타났으며 극본과 일상 언어데이터에서는 제일 낮은 빈도로 나타났다. 이러한 통계 결과는 '正在'가 객관화의 의미기능을 가지고 있는 것에 대한 근거로 작용 가능하다. 김은자(2006)에서도 '正在'는 주로 객관적 진행상황을 진술하는 표현 효과를 가지고 있다고 지적하였는데, 김은자(2006)에서 제시한 예문을 살펴보면 다음과 같다.

한 주부가 부엌에서 요리를 하고 있다. 그녀는 양파가 없는 것을 보고 딸에게 슈퍼에 가서 양파를 사오라고 심부름을 시켰다. 그러자 딸은 '저 숙제하고 있어요, 다른 사람 시키세요'하며 어머니의 부탁을 거절한다. 김은자(2006:68)인용.

위의 엄마와 딸의 대화를 다음과 같이 번역할 수 있다.

가: '正在'를 사용한 경우

어머님: 你去超市买点洋葱。
딸: ?我正在做作业, 你找别人吧。

나: '正'을 사용한 경우

어머님: 你去超市买点洋葱。
딸: 我正做作业呢, 你找别人吧。

위의 예문 (가)과 (나)는 문법적으로 다 성립한다. 그런데 '正在'는 문어에서 많이 쓰이기 때문에 예문 (가)처럼 대답하면 낯선 느낌을 줄 수 있다. 다시 말하면 '正在'는 공식적, 형식적인 표현이기 때문에 일상생활에서 자주 쓰지 않다. 이런 표현으로 예문 (가)처럼 가족끼리 사용하면 거리감을 느낄 수 있다. 따라서 구어에서는 '正在'보다 '正'의 사용을 선호하는 것으로 여겨진다. 이런 결론도 위의 표에 '正在'는 과학 잡지 데이터와 신문정론과 전문서적에서 높은 빈도로 나타나는 통계결과를 통해서 방증할 수 있다.

여기에서 주의할 만한 것이 있다. '正在'는 객관화 기능을 가지고 있지만 한국어 동작상 표지 '-고 있-'과 달리 필자의 주관적인 견해나 인식을 객관화시키는 의미기능을 가지지 않고 사태나 사건을 객관화시키는 기능만 가지고 있다.[①]

다음에서는 신문텍스트에서 '正在'도 사태나 사건을 객관화시키는 기능을 가지고 있는지 실제 예문을 통해서 살펴보도록 한다.

(74)

신문사	날짜	기사 제목
신화사	2016.12.04	400 亿元票房：中国距离电影强国还有多远

业内人士指出，在４００亿元电影票房中，国产电影放映的贡献率已接近六成，此外，中国电影的观影年龄段<u>正在不断扩大</u>，不仅１８－２４岁的群体进一步扩容，２５－４０岁年龄段观众在２０１５年也大幅增加。专家认为，这都是未来中国电影的新增长点。

"400 억 위안에 이르는 영화 흥행수입에 국산영화 상영의 공헌율은 60% 에 가까운 수준으로 발전했다. 이외에, 중국 영화의 관객연령대도 부단히 확대되고 있으며 18 세 ~24 세 사이의 군체규모가 진일보 확대됨과 더불어 25 세 ~40 세 사이의 군체규모도 올해에 이르러 대폭 증가된 수준을 보였다 " 고 업계인사는 지적했다. 전문가는 이는 미래 중국 영화의 새 성장점이 될 것이라 인정했다.

위의 신문기사는 중국 영화의 관객연령대에 대한 보도인데 "연령대가 확대된"이라는 표현은 이미 발생한 상황을 통한 판단이므로 과거시제나 현재시제를 사용해도 해당 내용을 전달할 수 있다. 그런데 현재시제 '扩大'나, 과거시제 '扩大了'라는 표현을 사용하여 '관객연령대가 확대된다', '관객연령대가 확대되었다'의 내용을 전달할 수 있지만 이런 사실을 더 객관화시키는 효과를 얻을 수 없다. 필자가 신문텍스트에서

---

① 이 부분은 본장 다음 절에서 실제 신문 예문을 통해서 설명하도록 한다.

진행상 표지 '正在'를 사용해서 중국 영화의 관객연령대가 '正在不断扩大'라는 표현으로 지금 관객 연령대가 확대되는 상황이 진행되고 있는 내용을 표현하여 내부 시각으로 연령대가 확대되는 사태를 더 상세하고 정확하고 객관하게 전달하였다.

(75)

신문사	날짜	기사 제목
인민일보	2016.12.16	新经济亮点 : 世界最大数字红利

　　2016 年，我国新经济、新业态迅速发展。无论从网民规模还是从手机网民规模来看，我国都已成为世界数字用户第一大国，由此创造了巨大的数字红利。一是经济增长红利。数字经济连接企业，显著提高生产效率、拉动最终消费、扩大贸易范围。2016 年前三季度，我国网上商品零售额增长 25.1%，比社会消费品零售总额增速高出 14.7 个百分点，极大促进了国内市场消费。仅仅一个"双 11"，全网交易额就高达 1800 亿元。全球 235 个国家和地区的消费者通过中国电商平台购物，中国电商辐射全球，<u>正在实现全球买、全国卖</u>。二是就业红利。数字经济连接民众，有力促进了创业和个体经营，<u>创造了大量就业机会</u>。三是服务红利。数字经济连接政府，电子政务迅速普及，促使政府更优质、更便捷、更低成本地提供公共信息和公共服务。

　　2016 년, 중국은 신경제와 신업종이 급속이 발전했다. 네티즌 규모나 모바일 네티즌 규모 면에서 중국은 이미 세계 최대의 디지털 사용자 대국으로 부상했으며, 이로 인해 거대한 디지털 보너스를 창출했다. 첫째, 경제성장 보너스. 디지털 경제는 기업을 연결해 생산효율을 현저히 높이고 최종 소비를 견인했으며 교역 범위를 확대했다. 2016 년 1-3 분기, 중국 온라인 상품 소매액은 25.1% 증가해 국내시장 소비를 크게 촉진시켰다. 이는 사회소비재 소매총액 증가율보다 14.7%p 높은 수준이다. 지난 11 월 11 일 하루만 해도 온라인 전체 거래액은 1800 억 위안을 웃돌았다. 전 세계 235 개 국가와 지역의 소비자들이 중국 전자상거래 플랫폼을 통해 물건을 구매함으로써 중국 전자상거래는 전 세계에 파급되어 전 세계 구입, 전국 판매를 실현했다. 둘째, 고용 보너스. 디지털 경제는 국민을 연결해 창업과 자영업을 대대적으로 촉진하고 대량의 취업기회를 창출했다. 셋째, 서비스 보너스. 디지털 경제는 정부를 연결했다. 이를 통해 전자정무가 빠르게 보급되어 정부의 양질화, 편리화, 저비용화 촉진 추진에 더 나은 공공정보와 공공서비스를 제공했다.

위의 신문기사는 중국 2016년의 신경제 발전상황을 소개하는 기사로서 대부분 사건이나 사태가 과거에 일어난 일이기 때문에 주로 과거시제를 사용하고 있다. 그러나 신문기사 중 필자가 진행상 표지 '正在'를 사용한 부분이 있다. 기사에서 진행상 표지 '正在'를 사용한 부분은 완료상 표지 '了'를 사용하여 '实现(실현하다)'와 결합해도 어떤 목표나 사태가 이뤘다는 것을 표현할 수 있다. 그렇지만 진행상 표지 '正在'를 사용하면 사건이나 사태를 더 정확하게 전달할 수 있다. 왜냐하면 지금 중국이 완전히 전 세계 구입하고 전국 판매하는 것을 이뤘다는 판단을 내릴 수 없기 때문이다. '正在'를 사용하여 '实现(실현하다)'와 결합해서 중국이 이런 목표나 상태를 실현하는 동작이 진행 중에 있는 것을 표현하여 중국 경제가 이런 과정을 거치고 있는 것을 더 정확하고 객관적으로 전달하였다.

③ '着'

罗够华(2012)에서는 지속상 표지 '着'이 텍스트에서 사람의 동작이나 사람·사물의 상태를 묘사하는 기능을 가지고 있다고 지적하였다. '在'는 주로 동작행위를 설명하는 데 중점을 두는 반면 '着'[①]은 동작행위를 객관적으로 묘사하는 데에 중점을 두기 때문에 그 생생한 묘사를 통해서 독자의 현장감을 증대하는 의미기능을 가지고 있다. 陈刚(1980)에서는 동작의 지속을 나타내는 지속상 표지 '着'은 그 앞에 状语

---

① 高顺全(2003)에서는 '着₁'과 '着₂'다 묘사의 기능을 지니고 있다고 지적하였다. 따라서 여기에서는 '着₁'과 '着₂'을 나눠서 보지 않고 '着'으로 연구를 전개하고자 한다.

(부사어)없이 단독으로 문장을 만들 때는 매우 부자연스러우므로 반드시 앞에 狀语(부사어)를 사용해야 한다고 지적하였다. 이는 '着'이 묘사 기능을 가지고 있다는 것을 방증한다.

'着'은 수사적인 성분과 결합할 수 있는데, 수사적인 성분과 같이 결합하면 동작이나 상황을 더 생생하게 묘사할 수 있게 된다. 따라서 '着'을 사용하여 어떤 상태를 묘사할 때는 수식적인 성분이 반드시 필요하다.

(76)

가: 他仔仔细细地检查着作业。

　　그는 숙제를 아주 꼼꼼히 검사하고 있다.

나: 阿英紧张地注视着屏幕。

　아영이 긴장하면서 모니터를 주시하고 있다.

위 예문에서 동사 앞에 동사의 상태나 방식을 나타내는 '仔仔细细', '紧张地'등 묘사성을 지닌 狀语(부사어)와 같이 사용하여 동작행위나 상황을 생생하게 묘사하였다.

李凌燕(2009)에서는 신문텍스트에서 '着'을 사용하여 사건이나 사태를 생생하게 묘사하면 독자에게 더 진실한 현장감을 느끼게 할 수 있다고 지적하였다. 따라서 신문텍스트에서 '着'을 사용하여 사건이나 사태를 상세히 묘사하거나 당사자의 행위나 상태를 생생하게 묘사하는 것을 통해서 독자에게 같은 시·공간에 있는 것처럼 현장감을 전달할 수 있다. 우리는 다음의 예문을 통해서 살펴보겠다.

(77)

신문사	날짜	기사 제목
인민일보	2017.03.14	坚守亚丁湾执行护航任务的中国女兵们

在亚丁湾执行中国海军第二十五批护航任务的编队中，有 16 名女舰员，她们中有特战队员，还有舰艇各战位职手。

"左满舵。满舵左。"亚丁湾某海域，第二十五批护航编队洪湖舰向衡阳舰缓缓靠近，对其实施补给。洪湖舰驾驶室里，女操舵兵白朔不断重复着舰长的口令，双手精准地操纵着舵盘。

아덴만에서 중국 해군 제 25 차 호위임무를 수행하는 편대에는 16 명의 여성 선원이 있다.

아덴만 모 해역에서 제 25 차 호위 편대 홍후 (洪湖) 함이 형양 (衡陽) 함 쪽으로 서서히 다가가 형양함에 보급을 실시했다. 홍후함 조타실에서 여성 조타병 바이쉬 (白朔) 는 선장의 구령을 계속적으로 반복하면서 양손으로 정확하게 조타륜을 조종하고 있다.

위의 신문은 중국 여군들을 소개하는 신문이다. 신문기사 중에 기자는 독자가 여군의 생활을 더 자세히 이해하기 위해서 평소에 여군들이 하는 일을 소개하였다. 이런 일을 소개할 때 현재시제를 사용해도 독자한테 잘 전달할 수 있는데 기자가 지속상 표지 '着'을 사용해서 여군들이 선장의 구령을 반복하는 동작과 조타륜을 조종하는 동작이 진행되고 있는 것을 생동감이 있게 묘사하는 효과를 얻을 수 있다. 이런 생생한 묘사를 통해서 여군이 군함에서 어떤 일을 하고 있는지 일하는 장면이 어떻게 되는지를 독자한테 생생하게 전달할 수 있고 독자가 신문기사를 읽을 때 여군들과 같은 시·공간에 있는 것처럼 이런 현장감을 느낄 수 있는 효과를 얻을 수 있다.

(78)

신문사	날짜	기사 제목
인민일보	2016.06.22	重庆千名考生狂砸 3 吨西瓜 释放高考压力

가) 高考结束了，分数还没出来，空档期里的考生们或紧张或焦虑，有人选择吃大餐、有人去旅行，也有人选择了疯狂！今天下午，近千考生来到了海拔约 2000 米的武隆仙女山，品尝完甜美的西瓜后，上演了一场凉爽刺激的夏日西瓜大作战。

나) 同学们身穿"我要自由"白色 T 恤涌进"战场"，抓起西瓜瓤互相追逐、投掷。大家高呼着"我要自由"，在西瓜狂欢中尽情释放。

가오카오 (高考, 대학 입학시험) 가 끝났지만 아직 점수가 나오지 않은 관계로 공백기 수험생들은 긴장되고 초조한 시간을 보내고 있다 . 어떤 학생은 맛있는 요리를 먹으러 가기도 하고 어떤 학생은 여행을 떠나기도 하고 또 어떤 학생들은 크레이지 배틀에 참가하기도 한다 . 19 일 오후 , 대입고사를 친 충칭 (重慶) 의 수험생 100 명은 해발 약 2 천 미터의 우룽 (武隆) 센뉘산 (仙女山 , 선녀산) 에서 수박을 먹은 후 상쾌하고 스릴 넘치는 여름 ' 수박 대작전 ' 을 벌였다 .

' 나는 자유를 원한다 ' 라고 쓴 흰색 T 셔츠를 입은 학생들은 ' 전쟁터 ' 로 달려가 수박 속살을 잡고 서로 쫓기 , 던지기를 하고 ' 나는 자유를 원한다 ' 를 소리 높여 외치면서 스트레스를 마음껏 날려버렸다 .

이 신문은 학생이 수능시험이 끝난 후에 스트레스를 푸는 활동에 참석하는 것을 소개하는 신문기사이다. 필자가 이 신문기사를 쓸 때 활동이 이미 끝났기 때문에 주로는 과거시제를 사용하고 있다. (가) 에서는 주로 완료상 표지 '了'를 사용해서 '来到了', '上演了'라는 표현으로 사건을 설명하고 있다. 그런데 필자는 이 활동 현장의 분위기를 생생하게 재미있게 독자한테 전달하기 위해서 (나)에서는 지속상 표지 '着'을 사용하였다. 필자는 지속상 표지 '着'을 사용하여 행위동사 '高呼(외치다)'와 결합해서 학생들이 외치는 동작이 진행 중에 있는 것을 표현하여 독자가 학생들과 같이 현장에 있는 것처럼 생생한 현장감을 느낄 수 있는 효과를 얻을 수 있다.

....

2

....

의미기능에 따른 '-고 있-'의 중국어 번역양상

신문텍스트에 쓰인 동작상 표지 '-고 있-'은 신문텍스트의 특성을 드러내는 의도적인 문법 장치로 쓰이고 있다. 앞 절에서는 신문텍스트에서 전략적으로 쓰인 동작상 표지 '-고 있-'이 신문텍스트에서 객관화, 현장감 증대, 호소 세 가지 의미기능을 가지고 있는 것을 밝혔다. 신문텍스트에서 '-고 있-'이 번역된 중국어 동작상 표지 '在', '正', '正在', '着'은 각각 다른 의미기능을 가지고 있다. 다시 말하면 중국어 동작상 표지 '在', '正', '正在', '着' 각각은 '-고 있-'의 의미기능을 다 가질 수 없으며 그중 일부분의 의미기능만 가질 수 있다.

본 절에서는 이런 담화 측면에 의미기능이 '-고 있-'의 중국어 번역양상에 어떤 영향을 미칠 수 있는지를 밝히고자 한다. 따라서 실제 신문텍스트 병렬말뭉치의 예문을 통해서 이런 의미기능 때문에 중국어 번역양상이 어떤 영향을 받았는지를 살펴보고자 한다.

2.1. 객관화

한국어 동작상 표지 '-고 있-'은 외부에서 사건이나 사태를 바라보는 것이 아니라 내부에서 사건이나 사태를 바라보는 것이기 때문에 사건이나 사태를 더욱 정확하고 객관적으로 전달할 수 있다. 신문텍스트에서 '-고 있-'의 객관화 의미기능은 어떤 사건이나 사태를 객관화하는 것과 필자의 주관적 인식을 객관화하는 것, 두 종류로 나눌 수 있다. 전자는 상황이나 사태를 그대로 전달할 때 '-고 있-'을 사용하여 상황 안에서 일정 동작을 포착하여 서술하므로 더욱 정확하고 객관적인 전달 효과를 얻을 수 있다. 후자는 신문텍스트의 필자가 자기의 견해가 담겨 있는 평가나 전망, 추측을 하는 경우, '-고 있-'을 사용하며 자신의 견해를 공정한 태도인양 전달해서 필자의 견해와 관점을 객관화하는 것이다.

객관화의 의미기능을 갖는 중국어의 동작상 표지는 진행상 표지 '正在'이다. 한국어와 달리 중국어의 경우 신문텍스트에서 '正在'는 기자의 개인 주관적 인식을 객관화하는 효과는 없고 사건이나 사태의 상황을 객관화하는 기능만을 갖는다. 아래에서 신문텍스트 병렬말뭉치에서 객관화의 의미기능을 지니는 '-고 있-'이 어떤 중국어 동작상 표지로 번역되고 있는지를 예문을 통해서 살펴보고자 한다.

(79)

신문사	날짜	기사 제목
조선일보	2016.02.11	中 알리바바 , SM 에 355 억 원 투자

중국 1 위 전자상거래 업체인 알리바바 그룹이 한국 최대 연예기획사 SM 엔터테인먼트 (이하 SM) 와 손을 잡았다 . (중략)

알리바바 그룹은 작년 7 월 알리바바 뮤직그룹을 세우는 등 엔터테인먼트 업계로 사업 영역을 <u>확대하고 있다</u>. 음악 외에도 알리바바 픽처스 , 알리바바 스포츠 등 계열사를 통해 영화 , 스포츠 매니지먼트 , 미디어 등 다양한 분야에 진출한 상태다 . 지난달에는 알리바바의 여행 관련 계열사 알리트립이 한국의 하나투어와 제휴를 맺고 한국 시장에 진출하기도 했다 .

中国电商龙头企业阿里巴巴集团和韩国最大的演艺企划公司 SM Entertaiment (以下称 SM) 联手。

阿里巴巴集团去年 7 月成立了阿里音乐等，正在将业务领域扩展到娱乐行业。在音乐之外，还通过阿里影业、阿里体育等子公司进军电影、体育竞技、媒体等各领域。上月，阿里巴巴旗下的阿里旅行和韩国哈拿多乐合作，开始进军韩国市场。

위 신문기사에서의 동작상 표지 '-고 있-'은 중국어 진행상 표지 '正在'로 번역되었다. '확대하다'는 완수동사에 해당하며 '-고 있-'과 결합해서 영역을 확대하는 동작이 계속 진행 중에 있음을 나타낸다. 본고 Ⅲ장의 분석결과에 따르면 완수동사와 결합한 '-고 있-'은 통사적 차원에서의 제약을 고려할 때, 중국어 동작상 표지 '正', '在', '正在'로도 번역될 수 있다. 위의 신문기사에서의 '-고 있-'을 중국어 동작상 표지 '正', '在', '正在'로 번역하면 다음과 같다.

번역문: 在/正在/正将业务领域扩展到娱乐行业。

위의 번역문처럼 '正', '在', '正在'로 번역해도 문장이 자연스럽다. 그렇다면 다른 상표지를 사용해도 가능한 상황에서 위 신문기사의 번역자는 왜 '正在'로 번역하였는가? 그 이유는 담화적 측면으로 설명할 수 있다. 위의 한국어 신문기사 내용 중 알리바바가 엔터테인먼트 업계로 사업을 확대한 것은 과거에 발생한 일이지만, 확대하는 동작이 완전히 끝났는지에 대해 필자는 판단을 내릴 수 없다. 따라서 필자가 알리바바가 다른 영역으로 확대하는 사건을 더 상세하고 객관적으로 독자한 테 전달하기 위해서 미완료상 표지 '-고 있-'을 사용하여 지금 확대하는 동작이 진행 중에 있음을 나타낸 것이다.

(80)

신문사	날짜	기사 제목
조선일보	2016.03.21	부안 · 고창 , '6 차산업 ' 으로 대한민국 홀리다

　부안에는 전국의 23% 를 차지하고 있는 395 ㏊의 뽕밭이 있다 . 매년 오디 생과 (生果) 2000t 을 생산해 150 억 원의 매출을 낸다 . 오디 · 누에 · 뽕잎을 가공해 만든 다양한 식품으로 고창 복분자에 비견할 만한 부가가치를 <u>창출하고 있다</u> .
　扶安有 395 公顷桑园 , 占全国的 23%。每年生产 2000 吨桑葚鲜果 , 销售额达 150 亿韩元 (人民币约 8400 万元)。桑葚、蚕蛹、桑叶加工制成的各种食品 , <u>正在创造可与高敞覆盆子媲美的附加价值。</u>

위의 신문기사에서 '-고 있-'은 사건이나 사태를 객관화시키는 의미 기능을 가진다. 중국어 번역문에서는 '-고 있-'을 중국어 동작상 표지 '正在'로 번역하였다. '창출하다'는 행위동사에 해당하는데, '-고 있-'과 결합하여 동작의 진행을 나타낸다. 행위동사와 결합한 '-고 있-'은 주로 중국어 동작상 표지 '正', '在', '正在', '着'로 번역할 수 있다. 위 신문기사의 '-고 있-'을 '正', '在', '着'로 번역하면 다음과 같다.

번역문: 桑葚、蚕蛹、桑叶加工制成的各种食品, 正/在/正在创造可与高敞覆盆子媲美的附加价值(创造着)。

위의 번역문처럼 '正', '在', '着'을 사용해도 문장이 자연스럽다. 그런데 번역 가능한 상표지들 중에서 왜 '正在'로 번역되는지 통사적 측면에서는 설명할 수 없다. 이런 경우에서 동작상 표지가 신문텍스트에서 가지고 있는 의미기능을 고려해서 분석을 해야 한다.

한국어 원문텍스트의 경우 필자는 '-고 있-'을 사용하여 부가 가치를 창출하는 동작이나 상태가 진행되고 있는 것을 나타내며 이런 내부적인 시각을 통해서 사태를 더 세부적·객관적으로 전달하려는 의도를 가지고 있다. 따라서 중국어로 번역할 때 필자의 객관화 의도를 재현해야 한다. 앞서 서술한 것과 같이 '在', '正', '着'과 달리 '正在'는 사건이나 사태를 객관화시키는 의미기능을 가지고 있기 때문에 객관화의 의미기능을 지니는 '-고 있-'을 중국어 동작상 표지 '正在'로 번역을 해야 한다.

(81)

신문사	날짜	기사 제목
조선일보	2016.03.08	외환 보유액 뻥튀기 의혹에… " 유로 · 엔 등 유동성 충분 "
정부가 밝힌 1 월 말 외환보유액은 2 조 378 억 달러이다 . 3 개월 연속 감소 추세에 있다 . 외환보유액이 일정 수준 이하로 떨어지면 정부가 외환시장 변동에 대응하기 어려워질 것이라는 <u>우려가 커지고 있다 .</u> 政府 1 月底公布的外汇持有额为 2 万 378 亿美元 , 已经连续 3 个月一直呈现下降趋势。有人担心外汇储备额降至一定水平以下 , 政府将很难应对外汇市场变化 , 而现在这种忧虑<u>正在不断扩大。</u>		

위의 신문기사에서 '-고 있-'은 필자의 개인적인 견해를 객관화시키는 기능을 갖는다. 필자는 '-고 있-'을 사용하여 '우려가 커지고 있다'라는 진행상을 사용하여 다른 사람의 견해에 공감하는 것처럼 이 견해의

주체인 필자를 감추고 객관적 관점으로 서술한 것이다. 중국어 번역텍스트에서는 '-고 있-'이 중국어 동작상 표지로 번역되어 있지 않았다. 중국어로 번역할 때는 의역의 방법을 사용하여 '有人担心'으로 번역하였다. 위의 예문들을 통해서 필자의 개인 견해를 객관화시키는 의미기능을 가지는 '-고 있-'을 중국어로 번역할 때 주로 중국어 동작상 표지로 번역되지 않고 의역의 방법을 선택하는 것을 알 수 있다.

2.2. 현장감 증대

한국어 동작상 표지 '-고 있-'은 진행상 표지로 사건이나 사태의 내부구조와 관련하여 어느 일부분만 보는 관점의 상표지이다. '-고 있-'은 사건이나 사태의 진행과 지속을 나타내므로 현재 벌어지고 있는 상황을 적극적으로 지시하면서 그 상황에 지속성을 부여하거나 극적인 느낌을 더해 준다. 신문텍스트에서 과거시제나 현재시제가 쓰여야 할 자리에 '-고 있-'을 사용하는 경우가 있다. 이렇게 선택적으로 진행상을 사용하는 것은 어떤 효과를 얻고자 하는 필자의 의도가 반영되었다고 볼 수 있다. 필자가 '-고 있-'을 사용하여 사태나 사건을 더 상세하고 생생하게 상황을 묘사하여 독자가 현장에 있는 것처럼 사건이나 사태를 더 잘 이해하게 하는 효과를 얻으려는 것이다.

중국어의 경우, 현장감 증대의 의미기능을 가지고 있는 동작상 표지는 '着'이다. '着'은 '-고 있-'과 같이 동작의 진행과 상태의 지속을 나타낼 수 있다. 앞서 서술한 것과 같이 신문텍스트에서 '着'을 사용하여 사건이나 사태를 내부적으로 생생하게 묘사하는 것을 통해서 독자에게 동일한 시·공간에 있는 것 같은 현장감을 전달할 수 있다. 위의 분석을 통해서 우리는 한국어 동작상 표지 '-고 있-'이 중국어 동작상 표지

'着'과 같이 현장감 증대의 의미기능을 가지고 있는 것을 알 수 있는데, 실제 신문텍스트의 병렬 말뭉치에서 현장감 증대의 의미기능을 가지고 있는 '-고 있-'은 어떤 중국어 동작상 표지로 번역되고 있는지를 다음의 예문을 통해서 살펴보도록 한다.

(82)

신문사	날짜	기사 제목
조선일보	2016.04.17	중국이 서비스도 이해하기 시작했다
최근 베이징 도심 한 지하 식당가 중국 식당에서 저녁을 먹었다 . 주문을 마치자 종업원이 25 분짜리 모래시계를 뒤집어 테이블에 놓았다 . 그 시간 안에 음식을 내오겠다는 약속이었다 . 주방 종업원들은 저마다 가슴에 하나부터 셋까지 별을 <u>달고 있다</u> . 서비스와 실력을 평가한 결과다 . ' 세계의 공장 ' 중국이 서비스를 이해하기 시작했다고 생각하니 모래시계 속 줄어드는 모래가 한국에 대한 경고 같았다 .	
最近，记者在北京市中心某地下餐馆街的中国餐厅里吃了晚饭。点餐后，服务员拿来一个 25 分钟的沙漏放在桌上，表示保证在 25 分钟内会送上菜肴。后厨员工每个人都在胸前<u>佩戴着</u>一到三颗星星，这是对服务和实力进行评估的成绩。记者感到"世界工厂"中国充分理解服务了，沙漏里渐渐变少的沙子仿佛是对韩国的警告。	

위의 예문은 '-고 있-'이 현장감 증대의 의미기능으로 사용된 신문기사이다. 중국어 번역문에서는 '-고 있-'이 동작상 표지 '着'으로 번역되었다. 위의 기사는 중국 서비스에 관한 기사인데 필자가 중국이 서비스를 중시하는 것을 표현하기 위해 그 예로 어느 식당에 가서 식사를 하는 상황을 통해서 상세하게 중국이 서비스를 중시하는 것을 설명하였다. 한국어 원문텍스트에서 서술한 일은 과거에 발생한 일이어서 과거시제를 사용하여 '별을 달았다'로 사용해도 내용을 전달할 수 있다. 그런데 필자는 과거의 시간방향을 현재진행으로 바꾸고 상태의 지속을 나타내는 '-고 있-'을 사용하여 '별을 달고 있다'로 부엌 직원들의 옷

차림 상태를 상세하고 생생하게 설명하였다. 과거시제보다 '-고 있-'을 사용한 문장이 독자에게 더 생생한 느낌을 줄 수 있고 현장감 증대의 효과를 얻을 수 있기 때문이다.

중국어의 경우에도 '별을 달고 있다'를 완료상 표지 '了'를 사용하여 '佩戴了'로 번역해도 내용이 잘 전달된다. 그런데 완료상 표지 '了'로 번역하면 별을 다는 동작이 완료되는 것만을 나타낼 수 있기 때문에 현장감 증대의 의미기능을 가지는 '着'으로 번역하여 기자의 의도를 반영하려고 한 것이다. 다시 말하면, 동작상 표지 '着'을 사용하여 '佩戴着'로 번역하면 부엌 직원들의 옷차림 상태를 세세하게 독자에게 전달할 수 있고 독자가 필자와 같은 시·공간에 있는 것처럼 생생한 현장감을 잘 느낄 수 있다.

(83)

신문사	날짜	기사 제목
조선일보	2016.11.28	현실이 된 中의 추월
한국의 주요 수출 품목 가운데 중국을 확실하게 능가하는 제품은 이제 반도체뿐이다. 이 또한 2~3년 후에는 가슴을 졸이며 시장 상황을 봐야 한다. 중국은 20조원 규모의 반도체 투자펀드를 만들어 디램 반도체 같은 첨단 제품 공장을 <u>짓고 있다</u>. 국내 대형 로펌의 한 인수·합병 담당 변호사는 "지금은 중국에서 한국의 첨단 바이오, 게임, 로봇 기업을 사들이는 데 관심을 갖고 있지만 1~2년 후엔 그럴 일 없을 것 같다"고 말했다. 　　在韩国的主要出口品种里能明确超越中国的产品, 现在只有半导体了。但2~3年后会如何, 还得提心吊胆地观察市场情况。中国设立了20万亿韩元（人民币约1178亿元）规模的半导体投资基金, <u>建设着</u>动态 RAM 半导体这种高精尖产品的工厂。韩国大型律师事务所的一位负责企业并购的律师说："现在, 中国对购入韩国的尖端生物、游戏、机器人产业很感兴趣, 但1–2年后这种情况就不会再有了。"		

위의 신문기사에서 '-고 있-'은 중국어 지속상 표지 '着'으로 번역되어 있다. 한국어 원문에서 과거시제를 사용해서 '공장을 지었다', 현재시제를 사용해서 '공장을 짓는다'로도 표현이 가능한데 이 글의 필자는 동작상 표지 '-고 있-'을 사용하여 중국에서 이런 공장을 짓는 행위가 현재도 진행되고 있음을 나타내었다. 이는 필자가 독자들로 하여금 중국 현장에서 사람이 공장을 짓는 장면을 실제로 볼 수 있는 것처럼 현장감을 증대시킬 의도로 과거시제를 '-고 있-'으로 바꾼 것이라 판단된다.

'건설하다'는 행위동사에 해당하고 Ⅲ장에서 제시한 것처럼 '-고 있-'과 결합할 때는 동작의 진행을 나타낸다. 행위동사와 결합한 '-고 있-'의 중국어 번역은 그 양상이 다양하다. '-고 있-'이 행위동사와 결합해서 동작의 진행을 나타낼 때는 주로 중국어 동작상 표지 '正', '在', '正在', '着'으로 번역할 수 있다. 위의 신문기사를 중국어로 번역할 때 다음 번역문에서처럼 '正在', '正', '在'로 번역해도 비문이 아니다.

번역문: 在/正/正在建设动态RAM半导体这种高精尖产品的工厂。

위의 번역문처럼 '-고 있-'이 중국어 동작상 표지 '在', '正', '正在'로 번역 가능한데도 불구하고 신문기사에서는 '着'으로 번역되었다. 앞서 서술한 것과 같이 중국어 동작상 표지 '着'은 사건이나 사태를 생생하게 묘사하여 독자한테 더 생동적인 현장감을 줄 수 있다. 따라서 본고에서 수집한 병렬텍스트에서는 한국어 신문기사의 필자의 의도를 고려하여 중국어로 번역할 때 '-고 있-'이 지니는 현장감 증대의 의미기능을 중국어 동작상 표지 '着'으로 번역하여 실현하였다.

2.3. 호소

앞서 서술한 바와 같이 신문텍스트에 기재되는 사건이나 사태들은 대부분이 과거에 이미 발생한 것이다. 그런데 신문텍스트에서 필자가 동작상 표지 '-고 있-'을 사용하여 표현한다면 과거에 일어난 사건이나 사태를 현재 벌어지고 있는 것처럼 느끼게 하여 신문텍스트를 읽는 독자한테 경각심, 동정심 등을 불러일으키는 효과를 얻을 수 있다. 다시 말하면, 필자가 독자의 공감대를 이끌어내기 위해서 '-고 있-'을 사용하여 사건이나 사태를 더 생생하게 묘사하는 것이 효과적이다.

중국어의 경우 호소의 의미기능을 지니는 동작상 표지는 '正'이다. '正'이 나타내는 '시점' 의미와 필자의 주관적 감정을 나타낼 수 있기 때문에 필자가 독자의 공감을 유발하는 발화목적을 훨씬 효과적으로 이룰 수 있다. 다시 말하면, 신문텍스트에서 필자가 '正'을 사용하여 독자의 반응을 호소할 수 있는 것이다. 다음에는 실제 신문텍스트 중에 호소의 의미기능을 지니는 '-고 있-'이 어떤 동작상 표지로 번역되고 있는지를 예문으로 살펴보도록 한다.

(84)

신문사	날짜	기사 제목
동아일보	2016.09.19	경주 지진 , 첨성대 기우는 속도 20 년 앞당겨

> 게다가 첨성대는 하부 지반이 불규칙하게 내려앉으면서 석재들의 벌어짐 (이격) 이 갈수록 <u>심해지고 있는</u> 양상이다 . 실제로 국립문화재연구소가 2011 년 발표한 ' 석조문화재 안전관리방안 연구보고서 ' 에 따르면 첨성대는 정상부를 제외한 모든 단에서 평균 19mm 의 이격이 발생했다 . 문화재청 관계자는 "경주 지진으로 인해 정자석 외에도 각 석재들이 1 ~ 5mm 씩 이격된 것으로 보인다"고 말했다 .
>
> 再加上随着瞻星台底部的地基不规则地沉降，石材的偏离正变得日益严重。实际上据国立文化遗产研究所 2011 年发表的《石雕文化遗产安全管理方案研究报告》显示，除了最顶部以外，瞻星台的所有段内发生了平均 19 毫米的偏离。文物厅相关人士表示，"因庆州地震，除了井字石以外的各石材预计将会偏离 1~5 毫米左右。"

위의 신문기사에서 동작상 표지 '-고 있-'은 중국어 동작상 표지 '正'으로 번역되었다. 한국어 원문텍스트에서 '석재들의 벌어짐이 갈수록 심해지는 양상이다'와 같이 현재시제를 사용하여 표현하는 것이 가능하다. 그런데 여기에서 신문기사의 필자는 '-고 있-'을 사용하여 지금 벌어지는 동작이 진행되고 있는 것을 표현하고 독자의 경각심과 이 문제의 심각성에 대한 공감을 호소하는 효과를 얻을 수 있다. '심해지다'는 완수동사에 해당하며 동작상 표지 '-고 있-'과 결합하여 동작의 진행을 나타낸다. 완수동사와 결합한 '-고 있-'은 주로 중국어 동작상 표지 '正', '在', '正在'로 번역되는데 이 기사문에서는 '在'와 '正在'로 번역하면 비문이 된다. 이는 '正'은 호소의 의미기능을 지니고 있는 것과 달리 '在'와 '正在'는 이런 의미기능을 가지지 못하기 때문이다.

(85)

신문사	날짜	기사 제목
동아일보	2016.11.01	스마트워치 판매량 1 년새 52% 줄어

31 일 독일 통계 포털 ' 스타티스타 ' 에 따르면 지난해 4 월 나온 애플워치는 지난해 2 분기 (4 ~ 6 월) 360 만 대를 시작으로 3 분기 (7 ~ 9 월) 390 만 대, 4 분기 (10 ~ 12 월) 510 만 대까지 판매량이 늘었다 . 하지만 올해 1 분기 (1 ~ 3 월) 220 만 대로 급락했다 . 2 분기 160 만 대, 3 분기 110 만 대로 갈수록 판매량이 <u>줄어들고 있다</u> .

31 日据德国统计门户网站"Statista"显示 , 去年 4 月上市的苹果手表以去年第二季度 (4 ~ 6 月) 售出 360 万块为开端 , 第三季度 (7 ~ 9 月) 390 万块 , 第四季度 (10 ~ 12 月) 510 万块 , 销量一直在增加。但是今年第一季度 (1 ~ 3 月) 销量跌至 220 万块。第二季度和第三季度分别售出 160 万块和 110 万块 , 销量<u>正日益减少</u>。

위의 신문기사는 스마트워치 판매량에 대한 기사이다. "올해 1분기부터 3분기까지 판매량이 줄어드는" 사태는 과거에 이미 발생한 것이다. 따라서 여기에서 과거시제를 사용해도 기사 내용을 잘 전달할 수 있다. 그런데 여기에서 필자는 '-고 있-'을 사용하여 판매량이 줄어드는 상태가 계속 진행 중에 있음을 나타내었다. 이런 방법을 통해서 스마트워치의 심각한 판매 문제에 대한 동정심과 공감을 호소할 수 있다. '줄어들다'는 행위동사에 해당하고 '-고 있-'과 결합해서 동작의 진행을 나타낸다. 행위동사와 결합한 '-고 있-'은 주로 중국어 동작상 표지 '正', '在', '正在', '着'으로 변역된다. 위의 신문기사에서 '-고 있-'을 '在', '正在', '着'으로 번역해도 맞는 문장이 된다.

번역문: 第二季度和第三季度分别售出160万块和110万块, 销量正/在/正在日益减少(日益减少着)。

위의 중국어 동작상 표지를 사용한 번역문은 모두 자연스러운 문장이다. 그런데 담화적 측면에서 고려하면 '正'으로 번역해야만 한국어 신문기사 필자의 의도를 제대로 재현할 수 있다. 앞서 서술한 것과 같이 '正在'는 객관화의 의미기능을 기지고 있고, '着'은 묘사의 의미기능을 가지고 있기 때문에 여기에서 사용하면 필자의 의도를 제대로 재현할 수 없기 때문이다.

여기에서 주의할 만한 점은 앞 절에서 서술한 바와 같이 필자가 '-고 있-'을 사용하여 사건에 대한 문제제기의 의도를 가지고 있는 것으로 사건이나 사태에 대한 관심을 촉구, 호소하는 역할로 사용한 경우가 존재한다. 한국어에서 부정문을 통해서 문제제기를 하는 경우 이에 대한 '-고 있-'의 중국어 번역양상이 다르게 나온다. 다음에 예문을 통해서 살펴보도록 한다.

(86)

신문사	날짜	기사 제목
조선일보	2016.03.22	지구 표면온도 급상승… 지난달 1.35 도나 뛰어

지난해 폭우로 14 만 5000 명이 집을 버리고 대피했는데, 수도 아순시온에서만 6 만 명이 아직 집에 <u>돌아가지 못하고 있다</u>. 지금 비는 그쳤지만 4 월 다시 큰비가 내려 하천이 범람할 것으로 예보돼 주민들은 수용소 생활을 <u>청산하지 못하고 있다</u>. 　　去年的暴雨让 14 万 5000 人流离失所，首都亚松森就有 6 万人依然<u>没有回归家园</u>。现在雨虽然停了，但天气预报说 4 月还将下大雨，会导致江河泛滥，居民们<u>不得不继续</u>留在收容所里生活。

위의 신문기사에서 '-고 있-'은 호소의 의미기능을 가지고 있는 경우이다. 기사에서 "주민이 집에 돌아갈 수 없는 사태"와 "수용소에서 생활을 해야 되는 사태"가 모두 과거에 발생한 것이기 때문에 과거시제를 사용하여 '돌아가지 못했다'와 '청산하지 못했다'로도 사태를 잘 전달할 수 있다. 그런데 여기에서 필자는 동작상 표지 '-고 있-'을 사용하

여 계속성을 부여하는 것으로 현재 이런 사태가 지속되고 있는 것을 표현하였다. 필자가 '-고 있-'을 사용하여 상황을 상세하게 묘사함으로써 이 사태에 대한 독자의 동정심과 공감을 유발할 수 있는 호소 효과를 얻을 수 있다.

중국어 번역텍스트를 보면 한국어 동작상 표지 '-고 있-'이 중국어 동작상 표지로 번역되어 있지 않은 것을 알 수 있다. Ⅲ장에서 서술한 것과 같이 중국어의 경우 동작상 표지 '正'은 부정소 '沒', '不'과 결합할 수 없다. 따라서 부정의 형식으로 문제제기를 하는 경우에는 '-고 있-'이 호소 기능을 갖는 중국어 동작상 표지 '正'으로 번역될 수 없다.

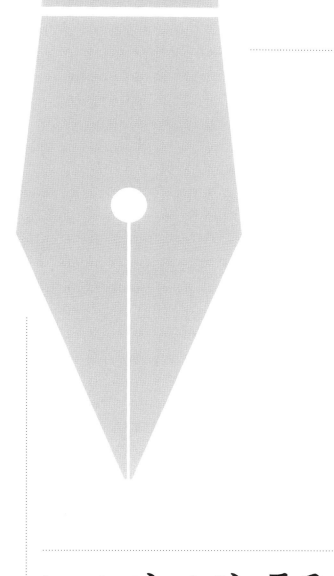

V

'-고 있-'의 중국어 번역
에 대한 교육적 시사점

중국어와 한국어의 동작상은 중요한 문법장치이고 많은 차이점과 공통점을 가지고 있기 때문에 한국어 학습자들이 한국어 동작상 표지를 습득하거나 중국어로 번역할 때 많은 어려움을 겪는다. 그동안 중·한 동작상을 대조 분석하는 연구가 많이 이루어져 왔으며 한국어와 중국어 동작상 표지들의 대응관계의 큰 틀은 어느 정도 확립되었다. 하지만 이러한 대응관계를 번역에 그대로 적용할 수는 없다. 번역의 과정에서는 보다 많은 요소를 고려해야 하기 때문이다.

앞서 Ⅲ장과 Ⅳ장에서는 통사적 측면과 담화적 측면에서 '-고 있-'의 중국어 번역에 영향을 미치는 요소를 분석하였다. 본 장에서는 이런 분석결과를 바탕으로 중국인 한국어 학습자를 위한 한국어 '-고 있-'의 중국어 번역의 교육적 시사점을 제시하고자 한다.

통사적 요소를 고려한 번역

통사적 요소가 '-고 있-'의 번역양상에 영향을 미치는 경우는 크게 두 종류로 나눌 수 있다. 하나는 통사적 요소로 인해 '-고 있-'의 상적 의미가 달라지는 경우이고, 또 다른 하나는 '-고 있-'과 대응되는 중국어 동작상 표지들은 통사적 요소와의 결합 양상이 다르기 때문에 중국어 번역이 달라지는 것이다. 전자에 해당하는 통사적 요소는 동사부류와 주어이다. 후자에 해당하는 통사적 요소는 목적어, 시간 부사어, 부정이다. 그 중 동사부류는 동작상과 긴밀한 관계를 가지고 있으며 동작상의 상적 의미를 결정하는 가장 기본적인 토대이다. 따라서 기존에는 동사에 초점을 맞추어 '-고 있-'의 상적 의미를 분석하는 연구가 주를 이루었다.

하지만 본고의 Ⅲ장에서 분석한 것과 같이 동사부류 외의 주어, 목적어, 시간부사어, 부정 등과 같은 통사적 요소도 '-고 있-'의 중국어 번역에 영향을 미치는 중요한 요소이다. 기존 연구들에서는 주어, 목적어, 시간 부사어, 부정과 같은 다른 통사적 요소에 의한 '-고 있-'의 중국어 번역의 변화를 논의의 대상으로 삼지 않았다. 다음으로 통사적 요소가 '-고 있-'의 중국어 번역에 미치는 영향을 바탕으로 '-고 있-'의 중국어 번역에 적용할 수 있는 시사점을 제시하고자 한다.

① 동사부류

앞서 서술한 것과 같이 동작류는 동작상의 상적 의미를 결정할 수 있는 가장 기본적인 토대가 되는 것이다. 동사부류에 따라 '-고 있-'의 상적 의미가 달라지고 이에 따라 중국어 번역도 달라진다.

< 표 29> 동사부류에 따른 '- 고 있 -' 의 중국어 번역

동사부류		'- 고 있 -' 의 상적 의미	중국어 번역
달성동사	일반적인 달성동사	지속	' 着₁ ', ' 了 '
	인식동사	지속	' 了 '
	이행동사	진행	없음
완수동사	일반적인 완수동사	지속 / 진행	' 正 ', ' 在 ', ' 正在 ', ' 着₁ ', ' 着₂ '
	착용동사	지속 / 진행	' 正 ', ' 在 ', ' 正在 ', ' 着₁ '
	변화동사	진행	' 正 ', ' 在 ', ' 正在 ', ' 着₂ '
행위동사	일반적인 행위동사	진행	' 正 ', ' 在 ', ' 正在 ', ' 着₂ ', ' 了 '
	자세동사	지속	' 着₁ '
순간동사		진행	' 正 ', ' 在 ', ' 正在 ', ' 着₂ '

위의 표를 통해서 우리는 '-고 있-'과 결합하는 동사가 속한 부류에 따라 '-고 있-'의 상적 의미가 달라지며 중국어 번역도 달라지는 것을 알 수 있다. 일반적인 행위동사와 순간동사와 결합할 때는 진행의 상적 의미를 나타내는 반면에 일반적인 달성동사와 결합할 때는 지속의 상적 의미를 나타낸다. 이에 따라 일반적인 달성동사와 결합할 때 '-고

있-'은 주로 중국어 동작상 표지 '了', '着₁'으로 번역되어 있는 반면에 일반적인 행위동사와 결합할 때 '-고 있-'은 동작의 진행을 나타낼 수 있는 동작상 표지 '正', '在', '正在', '着₂', '了'로 번역되어 있다. 다음에는 실제 예문을 통해서 설명하고자 한다.

(87)

가: 리 회장은 주력 기업 중 하나인 CK허치슨홀딩스의 수익 중 37% 가 영국에서 발생할 정도로 영국 경제와 밀접한 관계를 맺고 있다.

　李主席与英国经济保持着密切的关系，其集团下的主力企业之一 CK 和记实业公司收益中的 37% 都来自英国。

나: 또 '금컵체육인 종합식료공장'에서는 한국산을 모방한 외국 식료품을 생산하고 있었다.

　此外，在"金杯体育选手综合食品工厂"中，正在生产模仿韩国产的 外国食品。

예문 (가)는 '-고 있-'이 달성동사와 결합한 문장이고 예문 (나)는 '-고 있-'이 행위동사와 결합한 경우이다. 일반적인 달성동사와 결합할 때 '-고 있-'이 결과 상태의 지속을 나타내는 것과 달리 일반적인 행위동사 와 결합할 때는 동작이 진행 중에 있음을 나타낸다. 이에 따라 중국어 로 번역할 때 달성동사와 결합한 '-고 있-'은 결과 상태의 지속을 나타 내는 중국어 동작상 표지 '着₁'으로 번역되고 있고 행위동사와 결합한 '-고 있-'은 진행상 표지 '正在'로 번역되고 있다.

② 주어

'-고 있-'의 상적 의미를 결정하는 기본적인 요소가 동사부류이지만 주어도 '-고 있-'의 상적 의미를 결정하는 데 영향을 미칠 수 있다. 주어가 복수화되면 동사의 상적 특성이 달라지기 때문에 다른 동사유형으로 파생될 수 있다. 이에 따라 '-고 있-'의 상적 의미가 달라질 수 있다. 동사부류 중 달성동사는 주어의 복수화 때문에 행위동사로 파생될 수 있다. 아래에서 달성동사가 주어 복수화 때문에 중국어 번역에서 어떤 변화가 일어났는지를 살펴보고자 한다.

<표30> 주어의 영향을 받은 '-고 있-'의 중국어 번역

주어	동사부류	'-고 있-'의 상적 이미	중국어 번역
단수 주어	달성동사	지속	'着$_1$', '了'
복수 주어	달성동사	진행	'正', '在', '正在', '着$_2$'

표를 통해서 우리는 단수 주어일 때 달성동사와 결합한 '-고 있-'의 중국어 번역이 복수 주어일 때와는 차이가 있는 것을 알 수 있다. 주어가 단수일 때 '-고 있-'은 달성동사와 결합하여 결과 상태의 지속을 나타내는데, 주어가 복수일 때에는 달성동사가 행위동사로 파생된다. 따라서 '-고 있-'은 동작의 진행을 나타내게 되고 '-고 있-'의 중국어 번역도 달라진다.

(88)

가: 이렇듯 트럼프 행정부가 출범하기 전인데도 양국이 연초부터 한반도 문제를 놓고 서로에게 경고하는 현상이 <u>나타나고 있다</u>.

虽然特朗普政府尚未上台，但两国从年初起就出现了围绕韩半岛问题彼此警告的现象。

나: 과거 과잉 투자가 이뤄진 미국의 제조 업종에서 <u>많은 노동자가</u> 일자 리를 잃고 있습니다.
在过去的投资过剩的美国制造行业中，<u>很多劳动者在</u>失去工作。

예문 (가)의 '나타나다'는 일반적인 달성동사에 해당하며 '-고 있-'과 결합해서 이런 현상이 나타난 결과의 상태가 지속됨을 나타낸다. 이에 따라 지속의 의미를 나타낼 수 있는 중국어 동작상 표지 '了'로 번역되고 있다. 예문 (나)의 '잃다'는 일반적인 달성동사에 해당하며 '-고 있-'과 결합하여 일자리를 잃은 상태의 지속을 나타내는데 복수 주어가 오는 경우, 노동자가 일자리를 잃은 동작이 복합 사건으로 이뤄지기 때문에 '-고 있-'과 결합하여 동작이 반복적으로 진행되고 있음을 나타낸다. 이에 따라 '-고 있-'이 중국어 진행상 표지 '在'로 번역되고 있다.

이상으로 동사부류 및 주어 등의 일부 통사적 요소가 '-고 있-'의 상적 의미에 미치는 영향에 의해 변화되는 '-고 있-'의 중국어 번역문을 살펴보았다. 다음으로 동작상 표지와의 결합양상 때문에 '-고 있-'의 중국어 번역이 달라지게 만드는 통사적 요소를 살펴보고자 한다.

③ 목적어

문장에서 한정적인 양을 지닌 목적어가 선행하면 행위동사는 완수동사로 파생될 수 있다. 이런 경우에 '-고 있-'의 상적 의미는 그대로 유지되며, 파생된 완수동사와 결합해서 동작의 진행을 나타낸다. 한국어에서 '-고 있-'이 한정적인 목적어와 결합할 수 있는 것과 달리 중국어 동작상 표지 '在', '正', '正在', '着'은 한정적인 목적어와는 결합할 수 없다. 따라서 '-고 있-'이 한정적인 목적어와 같이 나타날 때 중국어 번역이 달라질 수 있다.

<표 31> 목적어의 영향을 받은 '- 고 있 -'의 중국어 번역

목적어	동사부류	'- 고 있 -'의 상적 이미	중국어 번역
비한정적인 목적어	행위동사	진행	'正', '在', '正在', '着₂'
한정적인 목적어	행위동사	진행	없음

위의 표를 통해서 우리는 한정적인 목적어가 행위동사와 결합한 '-고 있-'의 중국어 번역에 미치는 영향을 알 수 있다. 일반적인 행위동사와 결합할 때 '-고 있-'은 동작의 진행을 나타내며 중국어 동작상 표지 '正', '在', '正在', '着₂'으로 번역되고 있다. 이와 달리 행위동사가 한정적인 목적어와 결합할 때 행위동사는 완수동사로 파생된다. 한국어의 경우 '-고 있-'이 파생된 완수동사와 결합하여 동작의 진행을 나타낸다. 한국어와 달리 중국어의 행위동사는 한정적인 목적어 때문에 완수동사로 파생될 수 있지만 진행상 표지들과 결합제약을 가지고 있다. Ⅲ장에서 분석한 것과 같이 중국어에서 파생된 완수동사는 진행상 표지 '正', '在', '正在', '着₂'과 결합할 수 없다. 이에 따라 한정적인 목적어의 영향을 받아서 파생된 완수동사와 결합한 '-고 있-'은 중국어 동작상 표지 '正', '在', '正在', '着₂'로 번역할 수 없다.

(89)

가: 현재 한국과 미국, 일본 등 7개국이 공동으로 상용화 직전 단계 실험 시설인 '이터(ITER)'를 건설하고 있다.

目前韩国和美国、日本等 7 个国家<u>正在</u>共同建设商用化之前阶段的 "国际热核聚变实验堆 (ITER)"。

나: 나투나제도 인근에 대해서는 533조루피아(약 47조원)를 들여 잠 수함 기지 <u>두 군데</u>를 건설하고 있다.

印尼计划将在纳土纳群岛附近投入 533 万亿印尼卢比（约合 2665 亿元人民币），建设<u>两处</u>潜艇基地。

예문 (가)는 '-고 있-'이 일반적인 행위동사와 결합한 경우이며 동작 의 진행을 나타내며 중국어 진행상 표지 '正在'로 번역되고 있다. 예문 (나)는 한정적인 목적어 때문에 행위동사가 완수동사로 파생된 경우이 다. 예문에서 '-고 있-'은 파생된 완수동사와 결합하여 동작의 진행을 나 타낼 수 있다. 상적 의미대로라면 진행상 표지 '-고 있-'을 중국어 진행 상 표지로 번역해야 하는데 중국어 번역문에는 진행상 표지가 나타나 지 않았다. 이는 중국어 진행상 표지가 한정적인 목적어 때문에 파생된 완수동사와 결합제약을 가지고 있기 때문이다.

④ 시간 부사어

시간 부사어는 '-고 있-'의 상적 의미를 바꿀 수 없지만 동작상 표지 들과 다른 결합양상을 가지고 있기 때문에 '-고 있-'의 중국어 번역에 영향을 미칠 수 있다.

<표 32> 시간 부사어에 따른 '- 고 있 -'의 중국어 번역

시간 부사어	중국어 번역
지속성 시간 부사어	'在', '着₁', '着₂'
반복성 시간 부사어	'在', '着₁', '着₂'
순간성 시간 부사어	'正', '正在', '了'

시간 부사어의 유형에 따라 '-고 있-'의 중국어 번역 또한 달라질 수 있다. '-고 있-'은 지속성, 반복성, 순간성 시간 부사어와 결합할 수 있는데 중국어 동작상 표지들은 시간 부사어의 유형에 따라 다른 결합양상을 가지고 있다. 따라서 '-고 있-'의 중국어 번역은 시간 부사어의 영향을 받는다고 할 수 있다. 아래에서 실제 신문텍스트의 예문을 통해 설명하고자 한다.

(90)

가: <u>지난가을부터 지금까지</u> 이 프로그램은 여자 연예인들의 엉덩이를 줄 곧 강조하고 있다.

该节目从<u>去年秋天开始到现在</u>一直强调着女艺人的臀部。

나: 지난해 고등어 어획량(257t)은 1995년(4983t)의 5%. 멸치·오징어의 어획량도 <u>해마다</u> 급감하고 있다.

去年，青花鱼渔获量（257 吨）为 1995 年（4983 吨）的 5%。鲲鱼和鱿鱼的渔获量<u>每年</u>都在锐减。

　다: 당시 에르도안 대통령은 유럽연합 집행위원회에서 각국 정상들과 난민 대책을 논의하고 있었다.

　　当时埃尔多安总统正在欧盟执行委员会上和各国首脑讨论难民对策。

　예문 (가)는 지속성 시간 부사어가 '-고 있-'과 같이 나타나는 경우에 해당한다. '-고 있-'은 지속성 시간 부사어와 결합할 수 있으며 결과 상태의 지속을 나타낸다. 중국어 동작상 표지 중 결과 상태의 지속을 나타낼 수 있는 것은 '着₁'과 '了'이다. 그런데 '了'는 지속성 시간 부사어와 결합할 수 없기 때문에 예문 (가)에 '-고 있-'은 '了'로 번역할 수 없고 '着₁'으로 번역을 해야 한다.

　예문 (나)는 '-고 있-'과 반복성 시간 부사어가 같이 나타나는 예문이다. 예문에서 '-고 있-'은 행위동사 '급감하다'와 결합해서 동작의 진행을 나타낸다. 이런 경우에 '-고 있-'은 중국어 진행상 표지 '正', '在', '正在'로 번역할 수 있는데, 예문에서는 '在'로 번역되어 있다. 이유는 '在'와 달리 '正', '正在'는 반복성 시간 부사어와 결합제약을 가지고 있기 때문이다.

　예문 (다)는 순간성 시간 부사어가 '-고 있-'과 같이 나타나는 문장이다. '-고 있-'은 행위동사 '논의하다'와 결합해서 동작이 진행 중에 있음을 나타낸다. 이런 경우에 '-고 있-'은 중국어 진행상 표지 '正', '在', '正在', '着₂'으로 번역해도 되지만 '在'와 '着₂'은 시간 부사어와 결합할 수 없기 때문에 '正'으로 번역되어 있다.

⑤ 부정

부정소는 위에서 서술한 목적어, 시간 부사어와 같이 '-고 있-'의 상적 의미를 바꿀 수는 없지만, 부정소와 중국어 동작상 표지들은 상이한 결합양상을 가지고 있기 때문에 '-고 있-'의 번역에 영향을 미친다. 다음으로 부정문에 나타난 '-고 있-'의 중국어 동작상 표지 번역 양상을 살펴보고자 한다.

< 표 33> 부정문에 나타난 '- 고 있 -' 의 중국어 번역

부정과 긍정	중국어 번역
긍정문	'正', '在', '正在', '着₁', '着₂', '了'
부정문	'着₁'

위의 표를 통해 부정이 '-고 있-'의 중국어 번역에 미치는 영향을 알 수 있다. '-고 있-'이 부정소와 결합할 수 있는 것과는 달리 중국어 동작상 표지 '正', '在', '正在', '着₁', '着₂', '了' 중에서는 '着₁'만이 중국어 부정소 '沒(有)', '不'과 결합할 수 있다. 따라서 부정문에 나타난 '-고 있-'은 대부분 중국어 동작상 표지로 번역되지 않고 있거나 '着₁'으로 번역되어 있는 것이다. 실제 예문을 통해서 분석하면 다음과 같다.

(91)

가: 이 당연한 <u>조치를 하지 않고 있는</u> 것 자체가 의구심과 분노를 불러일으킨다.

这些理所应当的解决措施迟迟<u>不执行</u>本身就令人生疑，从而引发民愤。

나: 하지만 아직까지 이렇다 할 원인을 <u>찾지 못하고 있다</u>.

　但是到目前<u>为止还没有找到</u>像样的原因。

　위의 예문에서 '-고 있-'은 중국어 동작상 표지로 번역되어 있지 않다. 한국어 예문에서 '-고 있-'이 부정소 '-지 않다', '-지 못하다'와 결합할 수 있는 것과 달리 중국어 동작상 표지는 부정소 '不', '沒(有)'와 결합할 수 없기 때문이다.

　이상으로 통사적인 요소의 영향을 받은 '-고 있-'을 어떤 중국어 동작상 표지로 번역을 해야 하는지를 제시하였다. 이런 분석결과를 통해서 한국어 학습자가 문장 차원에서 '-고 있-'을 중국어로 번역할 때 상적 의미뿐만 아니라 통사적 요소도 함께 고려해서 번역을 해야 한다는 시사점을 알아낼 수 있었다. 즉, '-고 있-'의 중국어 번역은 의미 측면의 대응뿐만 아니라 통사적 측면의 대응도 실현을 해야 좋은 번역을 이룰 수 있다.

....

2

....

의미기능을 고려한 번역

앞 절에서는 문장 차원에서 '-고 있-'을 번역할 때 고려해야 하는 통사적인 요소를 제시하였다. 주지하는 바와 같이 문장 차원에서 이루어지는 문법 형태의 번역 결과는 그 의미 또는 기능을 온전하게 밝혀 주지 못하는 상황들을 야기할 수 있다. 이러한 문제점을 해결하기 위해서 김호정(2012)에서는 언어 행위의 실현체로서의 의미를 지닌 담화를 적극적으로 활용하는 것이 중요하다고 지적하였다. 텍스트 생산자가 사용하는 문법은 특정 텍스트의 유형과 관련이 있다. 동일한 문법 형태가 사용되었더라도 어떤 종류의 텍스트에서 사용되었는지에 따라 그 문법 형태가 담당하는 주된 의미기능이 달라질 수 있다. 텍스트 생산자는 이런 문법 형태를 통해서 생산자의 의도를 표현할 수 있다. 한국어 원문텍스트를 중국어 도착텍스트로 번역할 때, 번역 대상 문법이 특정 텍스트에서 어떤 의미기능을 가지고 있는지를 잘 파악해야 텍스트 생산자의 의도를 제대로 반영한 좋은 번역을 했다고 할 수 있다.

신문텍스트에 쓰인 동작상 표지 '-고 있-'은 신문텍스트의 특성을 드러내는 의도적인 문법 장치로 쓰이고 있다. Ⅳ장에서 신문텍스트에서 동작상 표지 '-고 있-'이 객관화, 현장감 증대, 호소 세 가지 의 미기능을 가지고 전략적으로 사용된 것을 밝혔다. 그리고 중국어 동 작상 표지가 신문텍스트에서 갖는 의미기능도 살펴봤다. 중국어 동 작상 표지 중 '正在'는 객관화의 의미기능, '正'은 호소의 의미기능, '着'은 현장감 증대의 의미기능을 가지고 있다고 밝혔다. 다음으로 '-고 있-'이 신문텍스트에 가지고 있는 의미기능이 '-고 있-'의 중국 어 번역에 어떤 영향을 미칠 수 있는지를 제시하고자 한다.

<표 34> 의미기능에 따른 '- 고 있 -'의 중국어 번역

의미기능	중국어 번역
없음	'正', '在', '正在', '着₁', '着₂', '了'
객관화	'正在'
현장감 증대	'着₁', '着₂'
호소	'正'

위의 표를 통해서 우리는 신문텍스트에서 의미기능이 '-고 있-'의 중 국어 번역에 미치는 영향을 알아낼 수 있다. 필자가 자기의 의도를 표 현하기 위해 '-고 있-'을 사용하는 경우에 '-고 있-'의 중국어 번역이 달 라진다. 다음에는 실제 신문 예문을 통해서 살펴보고자 한다.

(92)

신문사	날짜	기사 제목
조선일보	2016.05.11	세계정치 ' 분노의 역류 '

이념과 정책을 넘어선 막말과 분노의 정치가 세계 <u>정치판을 흔들고 있다</u>. 미국에서는 부동산 재벌로 막말을 계속해온 도널드 트럼프가 162년 역사를 가진 공화당 대선 후보로 사실상 확정됐다. 오스트리아에서도 극우 정당 후보가 2차 대전 후 처음으로 대선 1차 투표 1위에 올랐다.

超越理念和政策的粗口和愤怒的政治<u>正在</u>动摇世界政治圈。美国的特朗普事实上已确定成为拥有162年历史的共和党大选候选人。澳大利亚的极右政党候选人也于二战之后首次在大选的第一轮投票中排名第一。

위의 신문 기사에서 필자가 '-고 있-'을 사용해서 사건이나 사태를 객관화시키는 효과를 얻고 있다. 위의 신문 기사는 사건 기사문에 해당하기 때문에 본래는 주로 과거시제를 사용한다. 과거시제를 사용해서 '정치판을 흔들었다'라는 표현을 사용해도 내용이 잘 전달되지만 여기에서 필자는 이런 사태를 객관화시키기 위해서 '-고 있-'을 사용하였다. 진행상 표지 '-고 있-'을 사용해서 이런 사태가 진행 중에 있는 것을 나타냄과 동시에 정확하고 객관적인 전달 효과를 낳는다. 중국어 동작상 표지 중 신문텍스트에서 객관화 표현 효과를 갖는 것은 '正在'이다. 따라서 중국어 번역문에서 '-고 있-'은 중국어 진행상 표지 '正在'로 번역되어 있다.

(93)

신문사	날짜	기사 제목
조선일보	2016.06.09	외국 어선들 싹쓸이 꽃게잡이, 대책 없이 항의만 할 건가

> 일부분 어선들은 우리 어민들에겐 사용이 금지돼 있는 저인망 (底引網) 그물로 치어 (稚魚) 와 꽃게를 <u>싹쓸이하고 있다</u>. 아랫부분에 무거운 납을 달고 바다 밑바닥부터 긁고 지나가는 그물이다. 그물코 간격도 채 1 ㎝가 안 돼 남아날 게 없다. 물고기 서식처·산란장이 황폐화할 수밖에 없다.
> 　一部分渔船使用国内禁止使用的底拖网横扫着幼鱼和花蟹。底拖网下面装有沉重的铅块，可以从海底开始搜刮所有东西。网眼间距离不到 1 厘米，几乎没有任何生物可以存活下来。鱼类栖息地和产卵场只能被荒废。

　위의 기사 내용은 일부분 어선들이 해산물을 남획하는 사태를 소개하는 내용에 해당하다. 일부분 어선들이 치어와 꽃게를 싹쓸이하는 사건은 해당 기사를 보도하기 전에 이미 발생한 것으로 과거시제를 사용해도 된다. 위의 기사에서 '-고 있-'은 현장감 증대의 의미기능을 가지고 있다. 과거시제를 사용해서 '싹쓸이했다'라는 표현을 사용해도 원문의 뜻을 잘 전달할 수 있지만, 진행상 표지 '-고 있-'의 사용을 통해서 외국 어선들이 금지돼 있는 저인망을 사용해서 치어와 꽃게를 다 싹쓸이해 가는 행위가 현재에도 진행 중에 있는 것을 나타내며 독자에게 마치 독자가 현장에서 이런 행위를 직접 관찰하고 있는 것 같은 느낌을 줄 수 있다. 중국어 동작상 표지 중 이런 현장감 증대의 의미기능을 가지고 있는 것은 '着'이다. '着'을 통해서 동작의 진행과 상태의 지속을 나타낼 수 있으며 벌어지는 현재 상황을 생생하게 전달하여 독자는 필자와 동일한 시·공간에 있는 것과 같은 현장감을 느낄 수 있다. 이에 따라 중국어 번역문에서 '-고 있-'은 중국어 동작상 표지 '着'으로 번역되어 있다.

(94)

신문사	날짜	기사 제목
조선일보	2016.02.11	옐런 " 美금리인상 늦출 수 있다 "

　　세계 주요 투자 기관들이 올해 가장 유망한 투자처의 하나로 꼽은 일본 증시가 이틀째 7.6% 폭락하는 등 전 세계 증시가 불안한 움직임을 보이고 있다.
일본 닛케이지수는 9 일 5.4% 폭락에 이어 10 일에도 2.3% 하락해 1 만 6000 선이 무너졌다. 1 년 4 개월 만의 최저치다. 일본만이 아니다. 전 세계 선진국과 신흥국 등 46 개 국가의 주가지수는 올 들어 평균 10.3% 하락했다.
　　世界主要投资机构今年选出的最有希望的投资地——日本股市，两日内暴跌 7.6%，全球股市正呈现动荡趋势。
　　日经指数继 9 日暴跌 5.4% 后 10 日再次下跌 2.3% 跌破 16000 点大关，这是 1 年零 4 个月来的最低值。并非只有日本如此，全世界发达国家和新兴国家等 46 个国家的股指今年以来平均下跌了 10.3%。

　　신문텍스트에 기재된 사건들은 대부분이 이미 과거에 발생한 것이기 때문에 주로 과거시제를 사용하였다. 그런데 위의 기사처럼 필자가 '-고 있-'을 사용한 경우가 있다. 필자가 '-고 있-'을 사용하여 과거에 일어난 사건이나 사태를 현재 벌어지고 있는 것처럼 느끼게 하여 독자에게 경각심과 동정심을 유발하는 효과를 얻는 것이다. 중국어 동작상 표지 '正'도 이런 호소의 표현 효과를 나타낼 수 있다. 따라서 중국어 번역문에서 이런 호소의 의미기능을 가지고 있는 '-고 있-'은 중국어 동작상 표지 '正'으로 번역되어 있다.

　　이상의 분석을 통해서 중국인 한국어 학습자가 한국어 동작상 표지 '-고 있-'을 중국어로 번역할 때 문장 차원에서 '-고 있-'의 중국어 번역에 영향을 미칠 수 있는 통사적인 요소를 고려하는 동시에 특정 텍스트 유형에 '-고 있-'이 지니는 의미기능도 같이 고려해서 번역을 해야 한다는 시사점을 알아낼 수 있다. 앞서 분석한 것처럼 텍스트 유형에 따라 '-고 있-'이 지니는 의미기능 또한 달라진다. 필자가 특정한 의도를 가지고 '-고 있-'을 사용하기 때문에 한국어 학습자가 필자의 의도를 제대로 이해해야 중국어로 필자의 의도를 올바르게 재현할 수 있다. 따라서 한국어 동작상 표지 '-고 있-'을 중국어로 번역할 때 통사적 요소뿐만 아니라 담화 측면에서 '-고 있-'의 중국어 번역에 영향을 미칠 수 있는 요소도 같이 고려해야 한다.

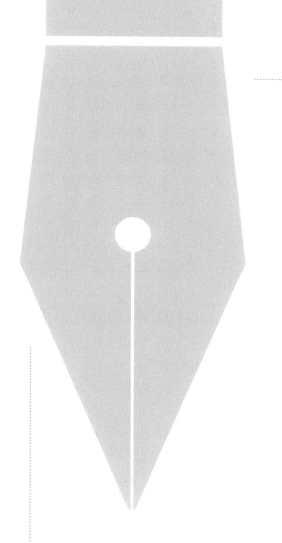

VI

결론

본 연구는 한국어 동작상 표지 '-고 있-'이 신문텍스트에서 어떤 중국어 동작상 표지로 번역되고 있는지를 살펴보고 번역양상에 영향을 미칠 수 있는 요소가 무엇인지, 어떤 영향을 미치고 있는지를 살펴보았다. 본 연구는 통사적과 담화적 두 측면으로 '-고 있-'의 중국어 번역양상에 영향을 미칠 수 있는 요소를 밝히고 이러한 연구를 통해서 한국어 번역교육에 참고가 되도록 하고자 하였다.

이런 목적을 달성하기 위해 Ⅲ장과 Ⅳ장에서는 통사적과 담화적 두 측면으로 '-고 있-'의 중국어 번역에 영향을 미칠 수 있는 요소를 밝혔다.

통사적 요소로는 동사부류, 문장 성분, 부정 세 측면으로 나누어서 '-고 있-'의 중국어 번역에 미치는 영향을 살펴보았다. 동사의 어휘적 의미에 의해 상적 특성이 결정되기 때문에 동사부류에 따라 '-고 있-'의 상적 특성도 달라지고 그에 따라 번역된 중국어 동작상 표지도 달라진다.

'-고 있-'이 달성동사와 결합할 때는 그 상적 특성이 동작이나 상태의 지속을 나타내며 행위동사, 순간동사와 결합할 때는 동작이나 상태의 진행을 나타낸다. 완수동사와 결합할 경우 '-고 있-'은 진행과 지속의 의미를 모두 나타낼 수 있다. 그리고 동사부류에 따라 중국어 동작상 표지의 결합양상도 달라지는데, '正', '在', '正在'는 진행상 표지로서 행위동사, 순간동사, 완수동사와 결합할 수 있다. '着'은 지속의 의미를 나타내는 '着₁'과 진행의 의미를 나타내는 '着₂'로 나눌 수 있으며, '着₁'은 달성동사와 완수동사와 결합할 수 있고 '着₂'은 행위동사, 완수동사, 순간동사와 결합할 수 있다. 완료상 표지 '了'는 행위동사, 완수동사, 순간동사, 달성동사와 모두 결합할 수 있는데, 다만 동사부류에 따라 나타내는 상적 의미가 달라진다. 따라서 한국어 동작상 표지 '-고₁ 있-', '-고₂ 있-'과 중국어 동작상 표지 '正', '在', '正在', '着₁', '着₂', '了'는 앞서 살펴본 것처럼 동사부류에 따라 다른 결합양상을 갖기 때문에 '-고 있-'을 중국어로 번역할 때는 위와 같은 결합양상을 고려해야 한다.

문장 성분에서는 다시 주어, 목적어, 시간 부사어 세 측면으로 나누어서 '-고 있-'의 중국어 번역양상에 미치는 영향을 살펴보았다. 주어에서는 먼저 주어가 동사부류에 어떤 영향을 미치게 되고, 그로 인해 다시 그 동사부류가 '-고 있-'의 중국어 번역에 영향을 미치는 것을 살펴보았다. 즉, 주어가 복수로 되면 동사부류가 다른 동사부류로 파생되며 이에 따라 '-고 있-'의 상적 특성 및 중국어 번역양상도 달라지게 된다.

달성동사와 순간동사는 주어가 복수화되면서 그 영향으로 행위동사로 파생된다. '-고 있-'은 파생된 행위동사와 결합하여 동작이 진행 중에 있음을 나타낸다. '-고 있-'의 상적 특성이 바뀌는 것에 따라 중국어로 번역할 때 다른 동작상 표지로 번역된다.

비한정적 양을 지닌 명사구 목적어가 한정적인 양을 지닌 명사구 목적어로 바뀌게 되면 '-고 있-'의 중국어 번역양상 또한 달라진다. 한국어와 달리 중국어의 행위동사는 한정적인 목적어의 영향으로 인해 완수동사로 파생될 수 있다. 파생된 완수동사는 완수동사와 달리 중국어 동작상 표지 '正', '在', '正在', '着'와 결합할 수 없다. 따라서 한정적인 목적어의 영향 때문에 파생된 완수동사와 결합한 '-고 있-'은 중국어 동작상 표지로 번역되지 않는다.

시간 부사어는 주로 중국어 동작상 표지와의 결합제약을 통해서 '-고 있-'의 중국어 번역에 영향을 미치고 있다. 시간 부사어 부류에 따라 중국어 동작상 표지 '正', '在', '正在', '着', '了'와의 결합양상이 다르다. '在', '着'은 지속성 시간 부사어, 반복성 시간 부사어와 결합할 수 있는 반면에 '正', '正在', '了'는 순간성 시간 부사어와 결합할 수 있다. 이에 따라 시간 부사어에 따라 '-고 있-'의 중국어 번역양상이 다르다.

부정은 중국어 동작상 표지와의 결합제약을 통해서 '-고 있-'의 중국어 번역에 영향을 미치고 있다. 한국어 동작상 표지 '-고 있-'과 달리 중국어 동작상 표지 '正', '在', '正在'는 중국어 부정소 '沒', '不'과 결합할 수 없다. '着'의 경우는 지속의 의미를 나타내는 '着₁'만 부정소 '沒'과 결합할 수 있다. 완료상 표지 '了'는 부정소 '沒'과 결합할 수 있지만 사용할 때는 탈락된다. 따라서 부정소와 결합한 '-고 있-'을 중국어로 번역할 때 대부분이 동작상 표지로 번역되지 않는다.

본고에서는 위에서 제시한 통사적 요소가 '-고 있-'의 번역양상에 미치는 영향을 증명하기 위해 실제 신문텍스트 병렬말뭉치를 통해서 '-고 있-'의 번역양상을 살펴보고 통사적 요소가 어떤 영향을 미치고 있는지를 분석하였다. 분석결과를 통해서 동사부류가 '-고 있-'의 중국어 번역양상에 가장 큰 영향을 미치고 있음을 알 수 있었다. 동사부류만큼은 아니지만 문장 성분과 부정 또한 '-고 있-'의 중국어 번역양상에 영향을 미치는 것을 확인할 수 있었다.

하지만 통사적인 요소만으로 '-고 있-'의 중국어 번역양상을 설명할 수 없는 경우도 있었다. 예를 들면 중국어 진행상 표지 '正'과 '正在'는 동사부류, 문장 성분, 부정 세 측면에서 거의 똑같은 제약 양상을 보이고 있다. 만약 신문텍스트에서 행위동사와 결합하여 진행의 의미를 나타내는 '-고 있-'이 있고, 이를 번역할 때 '正在'가 아닌 '正'으로 번역하는 것은 통사적인 요소만으로는 설명할 수 없다. 이에 본 연구에서는 신문텍스트에서 통사적 요소로 설명하기 어려운 번역 현상을 신문텍스트에서 '-고 있-'이 가지고 있는 의미기능을 통해 설명하였다.

신문텍스트에서 '-고 있-'은 주로 현장감 증대, 객관화, 호소 세 가지 의미기능을 가지고 있는 것을 제시하였다. 한국어 동작상 표지 '-고 있-'이 여러 가지 의미기능을 가지고 있는 것과 달리 중국어의 동작상 표지는 이런 의미기능 중의 일부분만 나타낼 수 있었다. 정리하면 중국어에서 현장감 증대의 의미기능을 지니는 동작상 표지는 '着', 객관화의 의미기능을 지니는 동작상 표지는 '正在', 호소의 의미기능을 지니는 동작상 표지는 '正'이다.

마지막으로 '-고 있-'을 중국어로 번역할 때 담화적 요소도 같이 고려해서 번역해야 한다는 연구자의 견해를 증명하기 위해서 본 연구에서는 실제 신문텍스트 병렬말뭉치를 통해서 '-고 있-'의 번역양상을 살펴보고 담화적 요소가 어떤 영향을 미치고 있는지를 분석하였다. 실제 신문 병렬말뭉치에서 현장감 증대의 의미기능을 가지고 있는 '-고 있-'은 주로 중국어 지속상 표지 '着'으로 번역되고 있는 것을 실제 예문을 통해서 증명하였다. 객관화의 경우 한국어와 중국어는 다른 양상으로 나타났는데, 한국어 상표지 '-고 있-'은 사건이나 사태를 객관화시키는 표현 효과 및 필자의 개인적인 견해와 인식을 객관화시키는 기능을 가지고 있는 것과 달리 중국어 동작상 표지 '正在'는 사건이나 사태를 객관화하는 표현 효과만을 가지고 있음을 알 수 있었다. 호소의 의미 기능을 가지고 있는 '-고 있-'은 주로 중국어 동작상 표지 '正'로 번역되고 있었다. 다만 부정의 형식으로 호소하는 경우 '正'이 부정소와 결합할 수 없기 때문에 '-고 있-'을 중국어 동작상 표지로 번역한 경우는 없었다.

본 연구는 이론적 분석과 실제 언어자료의 분석을 통해서 한국어 동작상 표지 '-고 있-'의 중국어 번역양상을 살펴보고 '-고 있-'의 중국어 번역에 영향을 미치는 요소를 통사적 요소와 담화적 요소 두 측면에서 밝혔다. 이런 분석결과를 통해서 우리는 한국어 동작상 표지 '-고 있-'을 중국어로 번역할 때 통사적 요소뿐만 아니라 담화적 요소도 같이 고려해서 번역을 해야 한다는 시사점을 얻을 수 있었다. 한국어 학습자가 문장 차원에서 '-고 있-'을 중국어로 번역할 때 상적 의미뿐만 아니라 통사적 요소도 함께 고려해서 번역을 해야 한다. 즉, '-고 있-'의 중국어 번역은 상적 의미 측면의 대응뿐만 아니라 통사적 측면의 대응도 실현을 해야 좋은 번역을 이룰 수 있다. 그리고 특정 텍스트 유형에 따라 '-고 있-'이 가지고 있는 의미기능도 같이 고려해서 번역을 해야 한다. 이렇게 해야 필자의 의도를 제대로 파악하여 적합한 중국어로 재현해 낼 수 있을 것이다.

참고문헌

고영근(1965), "現代國語의 話式論", 서울대학교 석사학위논문.

(1967), '現代國語의 先語末語尾에 對한 構造的 研究', "語學研究" 3, 서울대학교 언어교육원.

(2004), "한국어의 시제 서법 동작상", 태학사.

고영근·구본관(2008), "우리말 문법론", 집문당.

고창수·김원경(2010), "(소통을 위한) 한국어 문법", 박문사.

구정초(2014), "한국어 '-아/어 있다'와 중국어 '着'의 용법 비교 – 성취 동사와의 결합을 중심으로-", 숭실대학교 석사학위논문.

권재일(1992), "한국어 통사론", 민음사.

김경선(2003), '중한 언어차이와 중한 번역에서의 어미의 처리 – 시제를 나타내는 어미와 접속어미를 중심으로-', "한국(조선)어교육연구" 1, 중국한국(조선)어교육연구학회.

김미성(2016), "현대중국어의 지속상과 유관 범주의 성격에 관한 연구:

상관 어휘의 상(相)표지 기능 유무를 중심으로", 전남대
학교 박사학위논문.

김민영(2012), "텍스트 유형에 따른 한국어의 시제 기능 연구", 한국외
국어대학교 박사학위논문.

김봉순(1999), '신문 기사에 반영된 필자의 주관성', "텍스트언어학" 7,
한국텍스트언어학회.

김석득(1974), '김윤경 "조선말본"에 대하여', "인문과학" 32, 연세대학
교 인문과학연구소.

김선아(2003), '現代中國語 姿勢動詞 研究', "중국어문학논집" 23, 중
국어문학연구회.

김성화(1992), '상의 겹침에 대한 해석', "국어교육연구" 24(1), 국어교
육학회.

    (2003), "국어의 상 연구", 한신문화사.

김영희(1980), '정태적 상황과 겹주어 구문', "한글" 169, 한글학회.

김윤신(2006), '사동·피동 동형동사의 논항교체 양상과 의미해석', "한
국어 의미학" 21, 한국어의미학회.

김은자(2006), "現代中國語進行相研究-'正/正在/在'를 中心으로-", 서
울대학교 석사학위논문.

김은정(2009), "비문학 텍스트에 나타나는 국어 시제 요소의 담화 기능
연구", 국민대학교 석사학위논문.

김정애(2013), "한국어 결과상 '-고 있다, -아/어 있다' 구문과 중국어
'着'구문 대조 연구", 경희대학교 석사학위논문.

김종혁(2009), '중국어와 한국어의 시제/상 표지 대응관계 고찰', "中
國學論叢" 27, 한국중국문화학회.

김차균(1980), ''-아 있'과 '-고 있'의 의미', "언어" 1, 충남대학교 어학연
　　　　구소.

　　　(1990), "우리말 시제와 상의 연구", 태학사.

　　　(1999), "우리말의 시제 구조와 상 인식", 태학사.

김천학(2007), '보조동사의 연속과 상', "한국어학" 37, 한국어학회.

김호정(2012), '한국어 문법교육에서 담화 연구의 방향 고찰', 국제한국
　　　　어교육학회 학술대회논문집, 국제한국어교육학회.

羅遠惠(2001), '現代漢語'了'在韓國語的對應:以時態語法范疇爲中心',
　　　　"한중인문학연구" 7, 한중인문학회.

나진석(1971), "우리말의 때매김 연구", 과학사.

남가영(2009), '문법지식의 응용화 방향: 신문텍스트에 나타난 '-(다)는
　　　　것이다' 구문의 의미기능을 중심으로', "형태론" 11(2),
　　　　도서출판 박이정.

남기심(1972), '現代國語 時制에 關한 問題', "국어국문학" 55-57, 국어
　　　　국문학회.

　　　(1975), '이른바 國語時制의 基準時點 問題에 對하여', "한국학
　　　　논집" 3, 계명대학교 한국학연구원.

마홍염(2005), "한국어와 중국어의 시간 표현 요소 대조 연구", 연세대
　　　　학교 석사학위논문.

문숙영(2007), ''-고 있-'의 기능 부담량 차이에 관한 시론', "국어학" 50,
　　　　국어학회.

　　　(2008), '시제 어미 및 시제 상당 표현의 사용과 관련된 몇 문제',
　　　　"한국어의미학" 27, 한국어의미학회.

　　　(2009), '시제의 의미 및 사용과 관련된 몇 문제', "한국어학" 43,

한국어학회.

민현식(1990), '국어의 시상과 시간부사: 시제, 상, 서법의 3원적 해석', "국어교육" 69, 한국국어교육연구회.

박덕유(1997), "現代國語의 動詞相 연구", 인하대학교 박사학위논문.

  (1998), '국어의 상(相) 종류와 특성에 대하여: 문법적 동사상을 중심으로', "새국어교육" 55(1), 한국국어교육학회.

  (2007), "한국어의 相 이해", 제이앤씨.

박병선(2009), '韓國語 樣態表現 體系에 따른 中國語 表現의 特徵', "Journal of Korean Culture" 13, 한국어문학국제학술포럼.

박선희·고정(2015), '대조분석을 통한 중한번역 기법에 대한 연구', "동아문화" 53, 서울대학교 동아문화연구소.

박진호(2011), '시제, 상, 양태', "국어학" 60, 국어학회.

박창해(1964), "한국어 구조론 연구", 연세대학교 한국어학당.

박현선(2004), '주제의 시간적 방향에 따른 시제 사용의 교수법적 연구', "독어교육" 29, 한국독어독문학교육학회.

  (2006), '텍스트 유형에 따른 독일어 시제 사용 연구-텍스트 유형 "신문뉴스"를 중심으로', "독어교육" 36, 한국독어독문학교육학회.

  (2008), '미래 관련 현재형과 미래형의 기능 연구-텍스트유형 '초대장'을 중심으로', "독어교육" 43, 한국독어문학교육학회.

서성화(2003), "'-고 있-'의 의미", 연세대학교 석사학위논문.

서영경·이삼형(2013), '장르의 글쓰기 설명력에 대한 일고찰-장르와 맥

락의 관계 맺기를 중심으로', "국어교육" 142, 한국어교
육학회.

서정수(1976), '언어 심리학에 관하여', "군자어문학" 3, 세종대학교 국
어국문학과.

　　(1994), '국어의 종속 접속문에 대하여', "한국어 교육" 5, 국제한
국어교육학회.

손정(2014), "현대중국어 시간부사 의미기능 연구", 고려대학교 박사
학위논문.

송창선(2012), ''-고 있-'과 '-어 있-'의 기능과 의미 연구', "언어과학연
구" 62, 언어과학회.

신필여(2017), "한국어 학습자 담화의 시제 사용 양상 연구", 서울대학
교 박사학위논문.

안동환(1980), "Semantics of Korean tense markers", Washington, D.C:
Georgetown University Press.

　　(1981), '우리말 관형절에서의 '-었-'과 '-Ø'의 시제 표시 기능',
"한글" 171, 한글학회.

안미현(2010), '외국어교육과 번역교육의 상관관계', "외국어로서의 독
일어" 27, 한국독일어교육학회.

양동휘(1978), '국어 관형절의 시제', "한글" 162, 한글학회.

양정석(2002), '국어의 이차 서술어 구문 연구', "배달말" 31, 배달말학
회.

　　(2008), '한국어 시간요소들의 형태통사론', "언어" 33(4), 한국언
어학회.

오충연(2006), "상과 통사구조", 태학사.

옥태권(1995), '상의 실현과 그 범주', "우리말연구" 5, 우리말학회.

왕례량(2010), '한국어와 중국어의 시간요소 연구에 대하여', "중국학연구" 52, 중국학연구회.

왕례량(2012), "한국어와 중국어의 상 범주 대조 연구", 연세대학교 박사학위논문.

_____(2012), "한국어와 중국어의 상 범주 대조 연구", 신성출판사.

왕 리(2013), "한중 상 형식 대조 연구", 부산대학교 석사학위논문.

왕 파(2013), "한국어와 중국어의 시제와 상 대조-인지언어학적 관점으로-", 고려대학교 박사학위논문.

위 교(2013), '한국어와 중국어 상의 문법화 대조연구 - '-(고) 있-'과 '着'을 중심으로-', 서울시립대학교 석사학위논문.

유성은(2006), '중국어의 상표지 '着'字 再考', "중국어문학논집" 40, 중국어문학연구회.

유쌍옥(2016), '중국의 한국어 교재 사용 현황과 개발 방향 연구', "한중인문학연구" 51, 한중인문학회.

이기동(1975), '생성문법에 있어서의 파생어 취급방법의 고찰', "언어와 언어학" 3, 한국외국어대학교 외국어 종합연구센터 언어연구소.

_____(1976), '韓國語 被動形 分析의 檢討', "인문과학논총" 9, 건국대학교 인문과학 연구소.

이 남(2011), '한국어 보조용언 '있다'와 중국어의 대응표현 연구 -'(-고) 있다'를 중심으로-', "문창어문논집" 48, 문창어문학회.

이남순(1981), "現代國語의 時制와 相에 대한 硏究", 서울대학교 석사학위논문.

(1998), "時制·相·敍法", 월인.

이명정(2011), "현대중국어 상 체계 분석", 고려대학교 박사학위논문.

이　민(2016), '번역 텍스트에서의 한·중 상표지 대응 양상', "언어" 41(3), 한국언어학회.

이삼형(1999), '텍스트언어학의 응용:텍스트 이해와 추론', "텍스트언어학" 7, 한국텍스트언어학회.

이석규 외(2002), "우리말답게 번역하기", 도서출판 역락.

이　설(2014), "한국어와 중국어의 동작상에 대한 대조연구", 고려대학교 박사학위논문.

이성만(1995), '텍스트구조의 두 가지 차원', "독일문학" 55, 한국어독어독문학회.

이슬비(2015), '한국어 학술논문에 나타난 시상 표현의 담화적 기능 분석', "국어교육연구" 35, 서울대학교 국어교육연구소.

(2016), "한국어 학술 텍스트의 필자 태도 표현 교육 연구", 서울대학교 박사학위논문.

이승희(2016), "한·중 동사분류와 결합제약 대조 연구: 어휘상과 통사적 구성 형식의 실현 양상을 중심으로", 한성대학교 박사학위논문.

이영춘(2007),"事能的時間義漢韓兩語對比", 한국외국어대학교 박사학위논문.

이은수(2008), '중국어 상황상과 了, 부정사', "中國語文論譯叢刊" 23, 중국어문논역학회.

이익섭(1978), '상대 시제에 대하여', "관악어문연구" 3, 서울대 국어국문학과.

이익환(1994), '국어 심리동사의 상적 특성', "애산학보" 15, 애산학회.

이재성(2001), "한국어의 시제와 상", 국학자료원.

이지량(1982), "現代國語의 時相形態에 대한 研究-었, 고 있-을 중심으로", 서울대학교 석사학위논문.

이진호(2012), "신문텍스트 기반 보조용언 교육 내용 연구-텍스트 유형에 따른 '-고 있-'의 사용 양상을 중심으로", 이화여자대학교 석사학위논문.

李惠貞·張泰源(2010), "'正', '在', '正在'의 비교분석', "동북아문화연구" 22, 동북아시아문화학회.

이호승(1997), "현대국어의 상황유형 연구", 서울대학교 석사학위논문.

임동훈(2010), '현대국어 어미 '느'의 범주와 변화', "국어학" 59, 국어학회.

임홍빈(1984), '문종결의 논리와 수행-억양', "외국어로서의 한국어교육" 9(1), 연세대학교 한국어학당.

장석진(1973), '時相의 樣相 :「繼續」「完了」의 生成的 考察', "語學研究" 9(2), 서울대학교 어학연구소.

장호득(2000), '현대중국어의 '몰' '유' 및 상', "중국어문학" 35(1), 영남중국어문학회.

　　　　(2002), '韓中 否定詞의 統辭·意味論的 패러다임 比較 研究', "중국어문학" 40, 영남중국어문학회.

정소영(2013), '한국인 학습자들의 중국어 진행형 "在" 습득시 오류유형과 교학방안 관한 소고', "中語中文學" 56, 한국중어중문학회.

정의철·쭈즈훼이(2013), '문장 차원에서의 한국어 "-고 있-"과 중국어 "在", "着"의 대조 연구', "외국어로서의 한국어교육" 39, 연세대학교 언어연구교육원 한국어학당.

제민경(2011), '텍스트 중심 문법교육의 방향 탐색 – 신문 텍스트의 "전망이다"구문을 중심으로-', "국어교육" 134, 한국어 교육학회.

_____(2015), "장르 문법 교육 내용 연구", 서울대학교 박사학위논문.

조나영(2011), "현대중국어 지속 의미 'V着'의 한국어 대응 형식 연구", 연세대학교 석사학위논문.

조민정(2001), "국어의 상에 대한 연구", 연세대학교 박사학위논문.

_____(2007), "한국어에서 상의 두 양상에 대한 고찰", 한국문화사.

조영화(2003), "현대 한국어와 현대 중국어의 시상에 관한 대조연구", 상명대학교 석사학위논문.

주옥파(2007), "텍스트 유형 중심의 중한 번역 교육 연구", 서울대학교 박사학위논문.

지성녀(2007), "한·중 시제 대조 연구-'-었-'을 중심으로", 국민대학교 석사학위논문.

진남남(2010), "한국어와 중국어 상 체계 대조연구", 서울시립대학교 박사학위논문.

쭈즈훼이(2014), "문장 차원에서 바라본 상표지 '-고 있-'과 '在', '着'의 대조 연구", 경북대학교 석사학위논문.

채윤미(2016), '한국어 학습자의 논증 텍스트에 나타난 "-(으)ㄹ 것이-"의 기능 분석 연구', "한국문법교육학회 학슬발표논문집", 한국문법교육학회.

(2017), '외국인 유학생의 설득적 텍스트에 대한 장르 기반적 분석 - 건의문을 중심으로-', "작문연구" 32, 한국작문학회.

채의나(2010), "한국어 시상형태소 '-고/어 있-'의 의미 분석 연구-중국어 대응 표현 중심으로-", 연세대학교 석사학위논문.

최규발(2002), '현대중국어 相의 제 문제 고찰', "中國學論叢" 15, 고려대학교 중국학연구소.

(2007), '한국어와 중국어 경험 표지 대조', "중국인문학회 정기학술대회 발표논문집", 중국인문학회.

(2013), '중(中), 한(韓) "성취"유형과 미완료상표지간의 결합대조', "中國學論叢" 42, 고려대학교 중국학연구소.

최규발·정지수(2006), '현대 중국어 상표지의 부정', "中國人文科學", 중국인문학회.

최동주(1994), '國語 接續文에서의 時制現像', "국어학" 24, 국어학회.

최동욱(2015), "장르성 중심의 문법교육 내용 연구-기사문의 시간표현을 대상으로", 서강대학교 석사학위논문.

최봉랑(2008), '중국어 동태조사 "착(着)"의 한국어 표현에 대하여-'고 있-, -어 있-'을 중심으로-', "중국어문학" 52, 영남중국어문학회.

최정화(1998), "통역번역입문", 신론사.

최현배(1937), "우리말본", 연희전문학교출판부.

(1971), "우리말본", 정음문화사.

한동완(1984), "現代國語 時制의 體系的 硏究", 서강대학교 석사학위논문.

(1996), "國語의 時制 研究", 태학사.

허 웅(1975), "국어국문학사전", 일지사.

홍윤기(2002), "국어 문장의 상적 의미 연구", 경희대학교 박사학위논문.

홍윤기(2003), '상황유형과 부사의 상적 의미 표시 기능', "한국어 의미학 32, 한국어의미학회.

홍윤기(2004), '動詞 連結 構成의 狀況 認識 樣相 연구-方向 反意語의 意味 關係를 가진 예를 중심으로-', "어문연구" 32, 한국어문교육연구회.

황 미(2013), "한국어 시간 표현의 중국어 번역 연구", 경성대학교 석사학위논문.

Brinker, K.(1985), Linguistische Textanalyse, 이성만 역, 2004, 텍스트언어학의 이해: 언어학적 텍스트분석의 기본 개념과 방법, 역락.

Charles N. Li & Sandra A. Thompson(1981) Mandarin Chinese-A Functional Reference Grammar. 박종한 등 역(1989) "표준 중국어 문법", 한울아카데미.

Comrie, Bernard(1976), "Aspect: an introduction to the study of verbal aspect and related problems", Cambridge University Press.

Dowty, David R.(1977), Toward a semantic analysis of verb aspect and the English Imperfective, Linguistics and Philosophy 1(1).

Dowty, David R.(1979), "Word Meaning and Montague Grammar: The Semantics of Verbs and Times in Generative Semantics and in Montague's PTQ", D.Reidel Publishing Company.

Dowty, David R.(1982), Tense, Time adverbials, and Compositional Semantic Theory, Linguistics and Philosophy 5(1).

Emst, Thomas(1995), Negation in Mandarin Chinese, Natural Language and Linguistics Theory 13.

Halliday, M. A. K.(1989), Language, Context, and Text: Aspects of Language in a Social-semiotic Perspective, Oxford University Press.

Hatav, G.(1999), 'On Adverbs and Modality in English', "Pragmatics& cognition" 7(1), John Benjamins Publishing.

Kelly, D.(2005), A handbook for translator trainers. Manchester: St.Jerome.

Knapp & Watkins(2005), Genre, Text, Grammar, Sydney: UNSW Press(주세형·김은성·남가영 역(2007), "쓰기 교육을 위한 문법: 장르, 텍스트, 문법", 박이정.

Lee Hyo Sang(1991), Tense, Aspect, and Modality, UCLA Dissertation.

Lin, Jo-wang(2003), Aspectual Selection and Negation in Mandarin Chinese. "Linguistics" 41.

Nord, Christiane(1991), Text Analysis in Translation: Theory, Methodology and Didactic Application of a Model for Translation-Oriented Text Analysis, Amsterdam & Atlanta: Rodopi.

Smith, C. S.(1983), 'A theory of Aspectual Choice', "Language" 59.

(1991), The Parameter of Aspect, Dordrecht: Kluwer Academic Publishers.

(1994), Aspectual viewpoint and situation type in Mandarin Chinese, Journal of East Asian Linguistics 3.

(1997), "The Parameter of Aspect", Dordrecht: Kluwer Academic Publisher.

Tenny, C.(1987), Grammaticalizing Aspect and Affectedness, MIT Dissertation.

(1994), Aspectual Roles and The Syntax-Semantics Interface, Kluwer Academic Publishers.

Vendler Zeno(1967), "Linguistics and Philosophy". Ithaca, New York: Cornell University Press.

Xiao, R. & McEnery, T.(2004a), Aspect in Mandarin Chinese: A Corpus-based Study. Amsterdam/Philadelphia: John Benjamins Publishing Company.

(2004b), A corpus-based two-level model of situation aspect, Journal of Linguistics 40.

Yang, S.(1995), The Aspectual System of Chinese. PhD thesis. University of Victoria.

白荃 (2000),"不"、"没（有）"教学和研究上的误区 - 关于"不"、"没（有）"的意义和用法的探讨,《语言教学与研究》 第 3 期 .

陈平 (1988), 论现代汉语时间系统的三元结构,《中国語文》 第 3 期 .

陳立民 (2002), 汉语的时态和时态成分, 《语言研究》

陳前瑞 (2003), 汉语内部视点体的聚焦度与主观性, 《世界汉语教学》

      66

      (2008), 汉语体貌研究的类型学视野, 商务印书馆.

戴耀晶 (1997), 《现代汉语的时间系统研究》, 浙江教育出版社.

房玉清 (1992), 《实用汉语语法》, 北京语言大学出版社.

      (1992b), '起來'的分布和语义特征, 《世界韩语教学》第 1 期.

      商务印书馆.

高名凯 (1948), 《汉语语法论》, 商务印书馆.

高顺全 (2003), 进行体、持续体的否定及相关问题, 《世界汉语教学》

      第 66 期.

龚千炎 (1995), 《汉语的时制, 时相, 时态》, 商务印书馆.

郭風嵐 (1998), 论副词 '在' 与 '正' 的语义特征, 《语言教学与研究》

      第 2 期.

郭锐 (2008), '专家评审意见', 附于陈前瑞《汉语体貌研究的类型学视

      野》.

郭志良 (1992), 时间副词"正""正在""在" 的分布情况, 《世界汉语教学》

      第 20 期.

      (1992), 时间副词"正""正在""在" 的分布情况（续）, 《世界汉

      语教学》第 20 期.

雅洪托夫 (1957), 《汉语的动词范畴》, 中华书局.

胡裕樹 · 范曉 (1995), 《动词研究》, 河南大学出版社.

贾改琴 (2009), 现代汉语时间副词的形式语义研究浙江大学博士学位

      论文

(2015), 时间副词"正、在、正在'的形式语义分析, 贵州工程应用技术学院学报 第 33 卷.

金立鑫 (2002) '词尾"了"的时体意义及其句法条件',《世界汉语教学》59.

(2004), 汉语时体表现的特点及其研究方法,《汉语时体系统国际研讨会论文集》, 百家出版社.

黎錦熙 (1924/2007),《新著国语语法》, 湖南教育出版社.

李凌燕 (2009), 新闻叙事中"着"、"了"、"过"的使用情况—兼谈新闻话语的主观 性,《修辞学习》 第 5 期.

(2010)《新闻叙事的主观性研究》, 复旦大学博士学位论文.

李铁根 (1998),《现代汉语時制研究》, 辽宁大学出版社.

(2003),"不"、"没（有）"的用法及其所受的时间制约,《汉语学习》.

李薇 (2010), 汉语体标记"正在"和"着"的比较研究, 吉林大学硕士学位论文.

刘宁生 (1985),「动词的语义范畴 : '动作'与'状态'」,《汉语学习》 1.

劉勳寧 (1988), 现代汉语詞尾'了'的语法意义,《中国语文》, 第 5 期.

劉小梅 (1994), '汉语数量词的语义分辨及进行式动词组中数量词的使用',《世界汉语教学》30.

劉月華 (1988),「动态助词'过₂过₁了₁'用法比较」,《语文研究》, 1.

陸儉明 (1999),"着（·Zhe)"字补议,《中国语文》272.

吕叔湘 (1942),《中国文法要略》, 商务印书馆.

(1999),《现代汉语八百词》, 商务印书馆.

潘文娛 (1980), 谈谈"正""在"和"正在",《语言教学与研究》, 3.

屈承熹 (2006),《汉语篇章语法》, 北京语言大学出版社.

饶宏泉 (2012), 从时间推进的三个层面看体标记"了"的篇章功能，语言科学.

任方宁 (2017), 汉语体标记的篇章功能研究综述,《外文研究》 第 3 期.

尚来彬 (2005), "进行 - 持续"范畴中"正（在）""在""着""呢"句法、语用分析, 延边大学硕士学位论文.

尚新 (2007), 体义相交理论对汉语语法体体系建构的启示, 西安外国语大学学报.

石毓智 (1992), 论汉语的体标记,《中国社会科学》, 第 6 期.

　　(2006), 论汉语进行体范畴,《汉语学习》, 第 3 期.

王力 (1943/2000),《中國現代語法》, 中華書局.

薛晶晶 (2003), 现代汉语动态助词"了""着""过"的对韩教学研究，广西大学硕士学位论文.

肖奚强 (2002), " 正（在）', ' 在 ' 与 ' 着 ' 功能比较研究 ',《语言研究》第 49 期.

徐晶凝 (2008), 情态表达与时体表达的互相渗透——兼谈语气助词的范围确定, 汉语学习.

杨荣祥·李少华(2014), 再论时间副词的分类, 世界汉语教学.

叶含香 (2013), 汉语的"正在"、"正"、"在"、"着"和泰语的"[kam1la1]"、"[ju2]"对比分析, 广西民族大学硕士学位论文.

袁思思 (2016), 汉语进行体标记"正""在""正在"的对比研究及其对外教学研究, 南昌大学硕士学位论文.

赵元任 (1968),《汉语口语语法》, 商务印书馆.

张琪 (2012), 时间副词"正""在""正在"研究综述, 华中师范大学研究生学报.

张云彪 (2011), 体标记"在"、"着"的对比研究, 南京大学硕士学位论文 .

朱德熙 (1982), 《语法讲义》, 商务印书馆

左思民 (1998), 试论 ' 体 ' 的本质属性, 《汉语学习》第 4 期 .

    (1999), 现代汉语中 ' 体 ' 的研究, 《语文研究》第 1 期 .

ABSTRACT

A Study on Chinese translation of Korean Aspect '-go iss-'

Liu, Shuangyu

This paper aims to describe the ' -go iss- ' , which Chinese aspect are mainly translated and which factors affect this aspect of translation and how each factor affects the translation when translating the Korean aspect of ' -go iss- ' to Chinese on newspaper texts.

In chapter 1, It has been explained the necessity of this study and examined the prior studies related to tense and aspect of both in Korean and Chinese language. Until now, most of the previous studies have focused on comparing the aspect of Korean and Chinese language and had some remarkable results but the study about the aspect translation in terms of education of translation is insufficient. In addition, with contrastive analysis there is a relation between Chinese and Korean Aspects, but it is lack of research how this should be applied in translation education.

In chapter 2, mainly introduces the system and discourse function of aspect, classification of verbs that are related to process and criteria of translation on existing studies. First, the theories about the system of Korean aspect and the Chinese aspect have been summarized and it has been set up to analyze the range of this study. In addition, the discourse function of '-go iss-' in the newspaper text was extracted as three functions which are objectification, increase of realism and appeal. Then, classify of the verbs as state verb, attitude verb, action verb, complete verb and instant verb have also been examined. Finally, based on the existing translation theory, which have the translation as a process of reproduction of text based on an accurate understanding of the original text, rather than a one-to-one intersection of a simple language. That the meaning function of the grammar function has been considered.

In Chapter Ⅲ, syntactic factors that can affect the translation pattern are analyzed by verb class, sentence composition and negation. First, the combination of '-go iss-' and corresponding Chinese verbs with verb classes have been analyzed. It has been analyzed how sentence elements, such as the subject, object, time adverbs, and other factors can affect the Chinese translation patterns in '-go iss-'. Next, it has been presented the combination patterns of corresponding Chinese Aspect Marker of '-go iss-' and Chinese negation particle. Finally, the analysis of the translation patterns of '-go iss-' in the newspaper text by this study and analyzed how the syntactic elements presented above affect the Chinese translation of '-go iss-'.

In chapter IV, the factors affecting Chinese translation of '-go iss-' in terms of discourse has been analyzed. First, the meaning of function of '-go iss-' in newspaper text has been analyzed. And it has suggested what the Chinese aspect is, that has such a kind of discourse function. Finally, how this discourse function could affect Chinese translation of '-go iss-' in newspaper text has been analysed.

In chapter V, based on the results of this study, implications for translation education were suggested. While translating '-go iss-', it is necessary not only to consider common elements such as verb classification, sentence components, and additional words, but also discourse elements and the discourse function of the aspect should be considered too.

The results and contents of this paper are basic materials that can be used as basic data for educational contents and can be used for teaching Korean translation in China for Chinese learners who are having difficulty in translating the Korean aspect of '-go iss-' into Chinese language.

[Key words] Aspect, Categorization of verbs, Korean-Chinese translation, '-go iss-', element of the syntactic, Discourse Functions, newspaper text, education of the translation, An Educational Affairs, Chinese learners of Korean

----

동작상'-고 있-'의 중국어 번역연구

초판 인쇄 _ 2022 년 11 월 19 일
초판 발행 _ 2022 년 11 월 22 일
지은이 _ 유쌍옥 (劉雙玉)
발행인 _ 홍순창
발행처 _ 토담미디어
서울종로구돈화문로 94, 302(와룡동동원빌딩)
전화 02-2271-3335
팩스 0505-365-7845
출판등록제 300-2013-111 호 (2003 년 8 월 23 일)
홈페이지 www.todammedia.com
ISBN 979-11-6249-138-6
잘못만들어진책은구입하신서점에서교환하여드립니다 .
정가는뒷표지에있습니다 .
* 원서 서지사항
體貌標記韓漢翻譯研究 , 劉雙玉 , 社會科學文獻出版社